발 행 일	2025년 08월 01일 (1판 1쇄)
I S B N	979-11-92695-66-2(13000)
정 가	14,000원
집 필	KIE기획연구실
진 행	이윤정
본문디자인	디자인앨리스
발 행 처	㈜아카데미소프트
발 행 인	유성천
주 소	경기도 파주시 정문로 588번길 24
홈 페 이 지	www.aso.co.kr

※ 이 책은 저작권법에 따라 보호를 받는 저작물이므로 무단 전재와 무단 복제를 금지하며, 이 책 내용의 전부 또는 일부를 이용하려면 반드시 코딩이지의 서면동의를 받아야 합니다.

오늘의 타자

나의 타자 실력을 기록해보세요!

구분	날짜		타자수	정확도	확인란	구분	날짜		타자수	정확도	확인란
1	월	일				13	월	일			
2	월	일				14	월	일			
3	월	일				15	월	일			
4	월	일				16	월	일			
5	월	일				17	월	일			
6	월	일				18	월	일			
7	월	일				19	월	일			
8	월	일				20	월	일			
9	월	일				21	월	일			
10	월	일				22	월	일			
11	월	일				23	월	일			
12	월	일				24	월	일			

돌아온 꿈트리_파워포인트 2021

  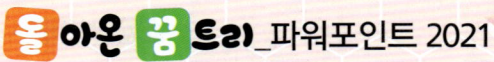 

이런 내용으로 구성되어 있어요!

■ 배울 내용 미리보기

각 차시별로 배울 내용을 만화로 미리 확인할 수 있어요.

■ 창의력 플러스

본문 학습 내용과 관련된 다양한 형태의 문제들을 스스로 해결하면서 창의력을 높일 수 있어요.

■ 본문 따라하기

파워포인트 2021의 여러 가지 기능들을 체계적으로 학습할 수 있도록 구성되어 있어요.

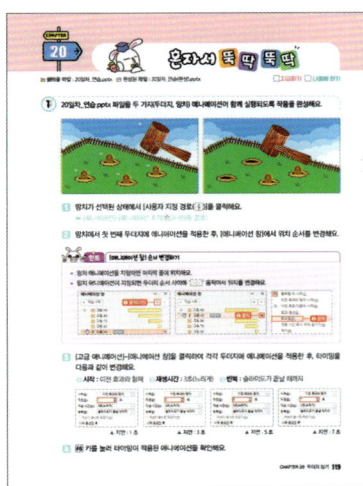

■ 혼자서 뚝딱 뚝딱

앞에서 배운 내용을 다시 한 번 복습할 수 있도록 문제를 제공해요.

CONTENTS

CHAPTER 01
나만의 캐릭터 만들기

006

CHAPTER 02
마음대로 방 꾸미기

014

CHAPTER 03
지붕 집 만들기

020

CHAPTER 04
옷 디자인 하기

026

CHAPTER 05
즐거운 우리집 만들기

032

CHAPTER 06
부엉이 배경 만들기

038

CHAPTER 07
컴퓨터의 구성 장치 알아보기
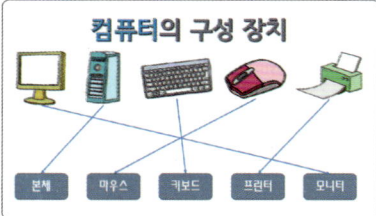
044

CHAPTER 08
혼자서도 잘해요!

050

CHAPTER 09
윙크하는 캐릭터 만들기

052

CHAPTER 10
다람쥐 동시 꾸미기

058

CHAPTER 11
일러스트 앨범 만들기
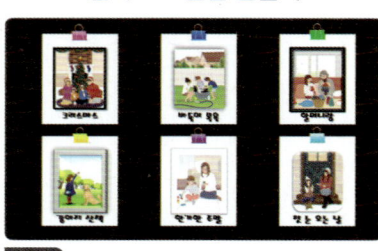
064

CHAPTER 12
우쿨렐레 만들기

070

CHAPTER 13
끌벌이 집 찾아주기

076

CHAPTER 14
퍼즐 게임 만들기

082

CHAPTER 15
레고 얼굴 그리기

088

CHAPTER 16
혼자서도 잘해요!

094

CHAPTER 17
홍보 포스터 만들기

096

CHAPTER 18
동화책 결말 만들기

102

CHAPTER 19
자기 소개 하기
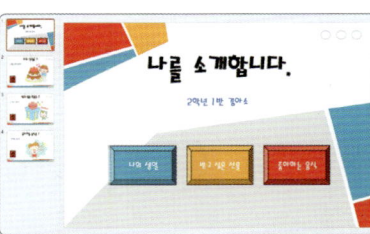
108

CHAPTER 20
두더지 잡기

114

CHAPTER 21
동물들의 평균 수명 알아보기
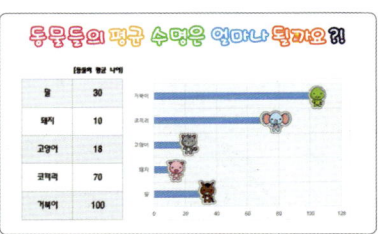
120

CHAPTER 22
성탄절 봉투 & 카드 만들기

126

CHAPTER 23
미니언즈 캐릭터 그리기

132

CHAPTER 24
혼자서도 잘해요!

138

CHAPTER 01 나만의 캐릭터 만들기

학습목표
- 이미지를 복사하고 이동해요.
- 도형을 삽입하고 색상을 변경하여 캐릭터를 완성해요.

배울 내용 미리보기!

📂 불러올 파일 : 1일차.pptx   📄 완성된 파일 : 1일차(완성).pptx

1. 우리는 여러 가지 상황에서 모두 다른 감정을 느껴요. 내가 가장 기쁠 때가 언제인지 생각해 보고 간단하게 적어보세요.

> 예) 아빠가 퇴근할 때, 같이 놀 수 있어서 좋아요.

2. 반대로 내가 가장 슬플 때가 언제인지 생각해보고 간단하게 적어보세요.

> 예) 먹기 싫은 반찬을 먹어야할 때, 힘들어요.

3. 아래 동물 탈을 쓴 친구들의 감정을 읽어보고, 어울리는 얼굴 표정을 그려보세요.

01 내 맘대로 이미지 꾸미기

1 [PowerPoint(	)]를 실행한 후, '새 프레젠테이션'을 클릭해요.

  '파워포인트'라고 읽어요.

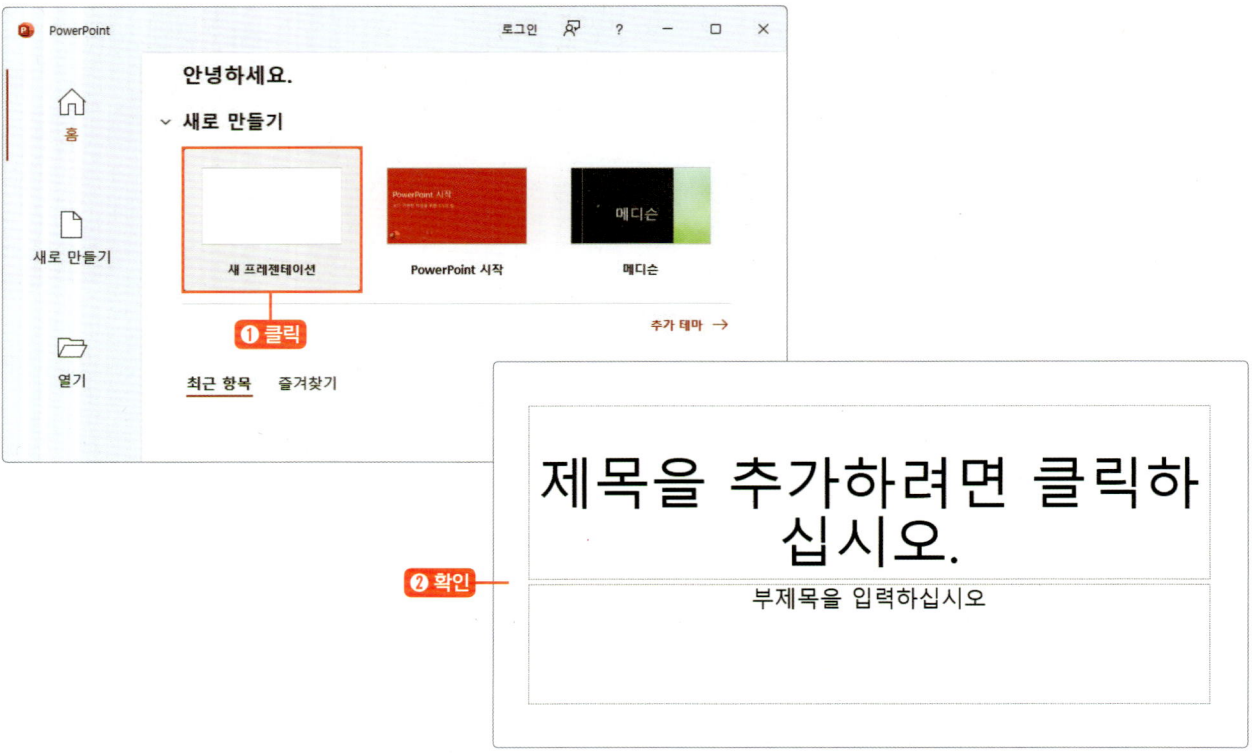

2 '1일차.pptx' 파일을 불러와요.
  ➡ [파일]-[열기]-[찾아보기]-[1일차]

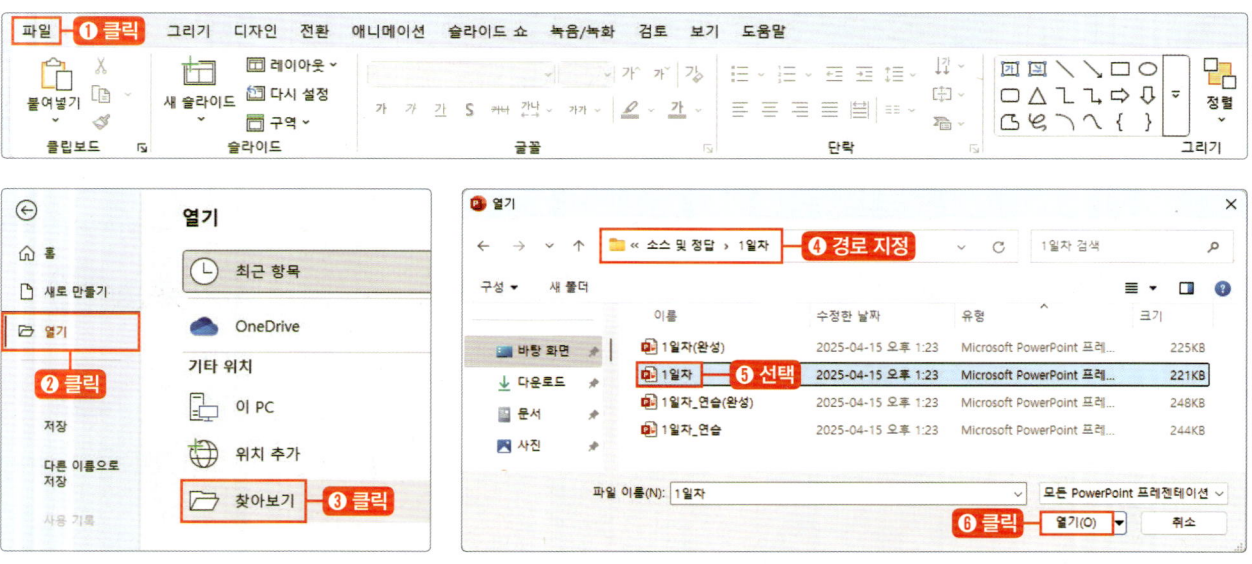

3 오른쪽 아이템에서 Ctrl 키를 누른 채 원하는 머리 모양을 드래그해요.

> Ctrl (콘트롤) 키를 누른 채 도형이나 이미지 등을 드래그하여 '복사'할 수 있어요.

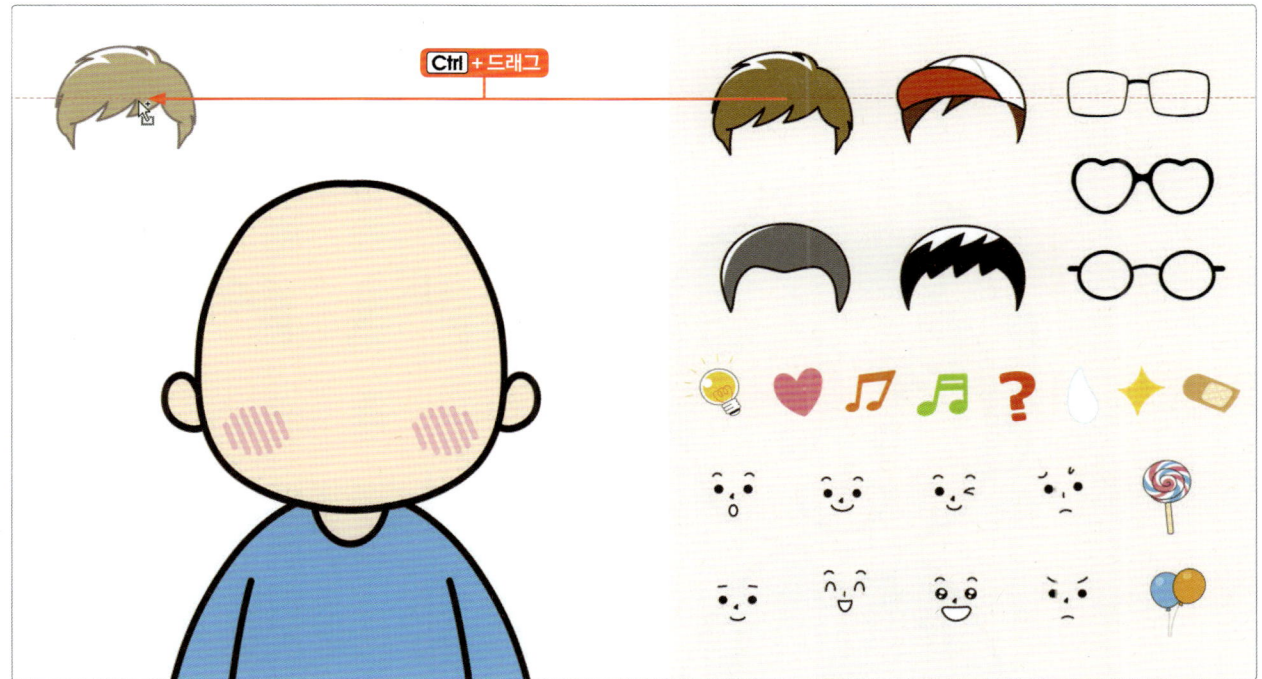

4 조절점(O)을 드래그하여 크기를 조절한 후, 그림과 같이 위치를 변경해요.

CHAPTER 01 나만의 캐릭터 만들기 **009**

5 오른쪽 아이템에서 Ctrl 키를 누른 채 원하는 얼굴 표정을 드래그해요.   키보드 방향키(↑, ↓, ←, →)를 이용하면 세밀하게 조절할 수 있어요.
➡ 조절점(O) 드래그, 위치 변경

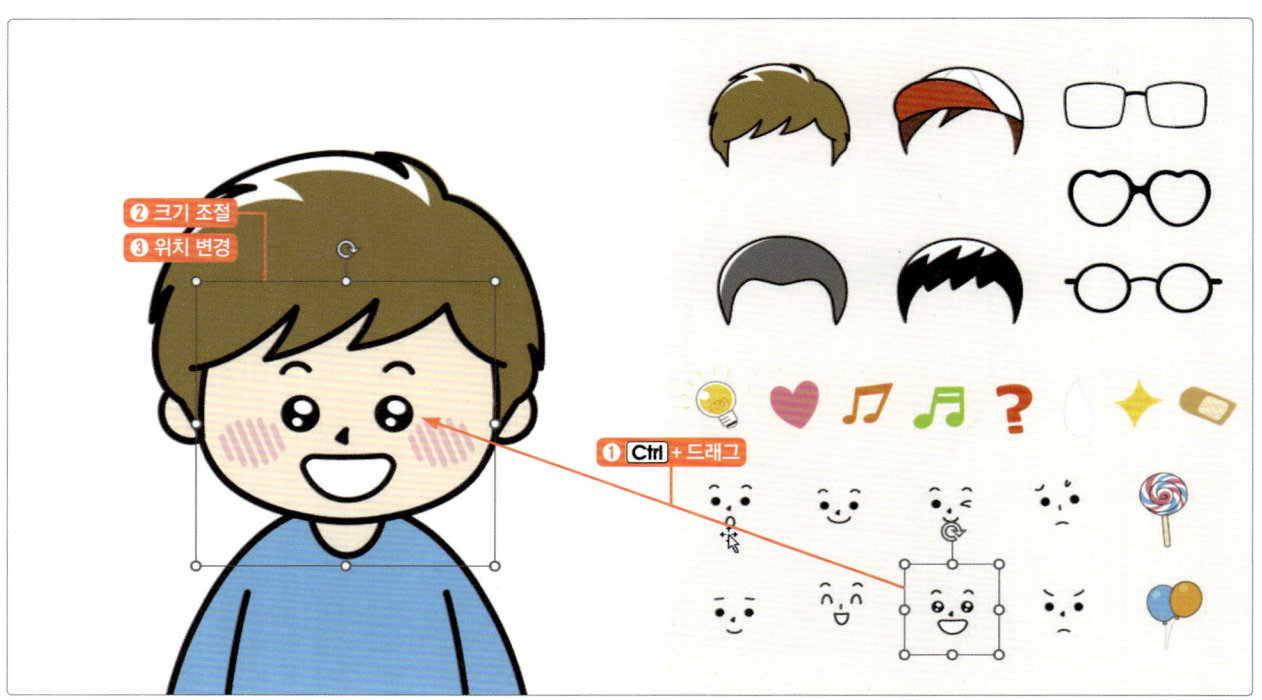

6 오른쪽 아이템에서 Ctrl 키를 누른 채 원하는 안경을 드래그해요.
➡ 조절점(O) 드래그, 위치 변경

7 같은 방법으로 원하는 아이템을 복사하여 크기를 조절한 후, 위치를 변경해요.

Esc (이에스씨) 키를 누르면 모든 개체의 선택을 해제할 수 있어요.

02 나만의 예쁜 옷 꾸미기

1. 옷에 예쁜 모양을 넣기 위해 [도형]에서 [달(☾)]을 선택해요.
   ➡ [삽입]-[일러스트레이션]-[도형(⬚)]-[기본 도형]

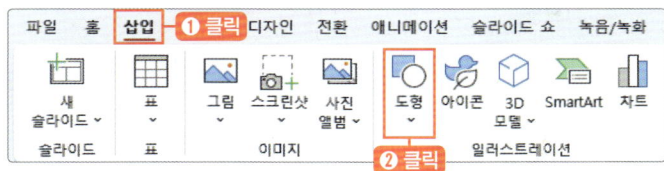 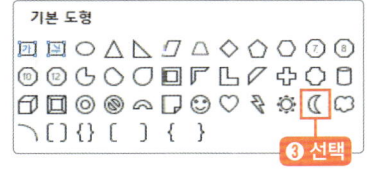

2. 마우스 포인터가 '✛' 모양으로 변경되면 드래그하여 도형을 삽입해요.

3. 회전점(⟳)을 오른쪽 아래 방향으로 드래그하여 도형을 회전해요.

> Shift (시프트) 키를 누른 채 회전점(⟳)을 드래그하면 회전 작업이 편리해요.

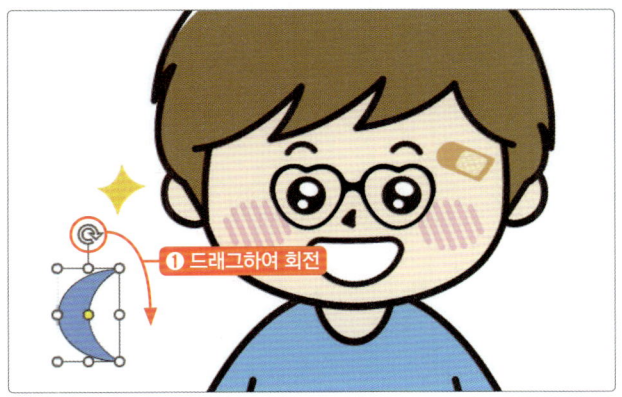 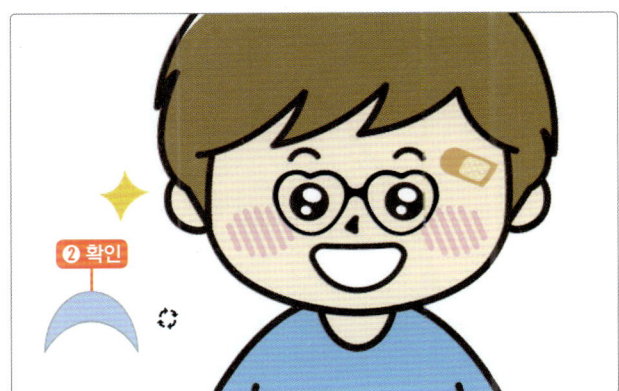

4 이어서, 조절점(○)을 드래그하여 크기를 조절한 후, 그림과 같이 위치를 변경해요.

5 도형 색상을 변경하기 위해 원하는 색상(진한 파랑)을 선택한 후, Esc 키를 눌러요.
➡ [도형 서식]-[도형 스타일]-[도형 채우기]-'진한 파랑'

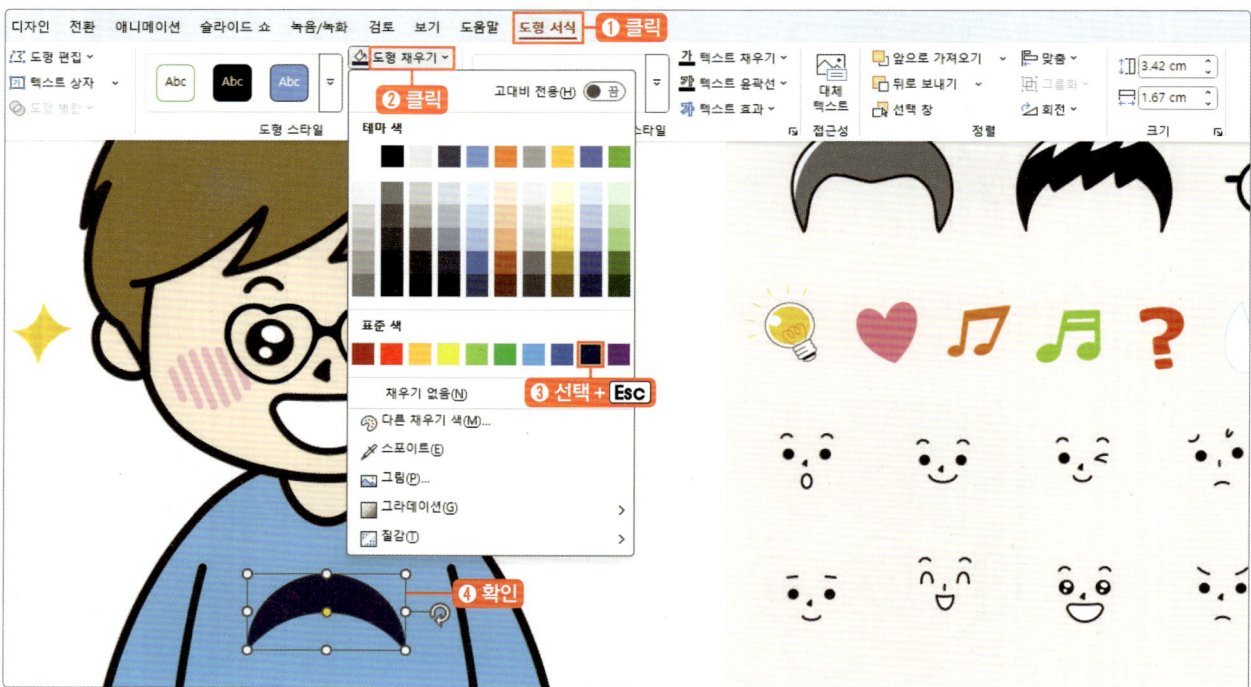

불러올 파일 : 1일차_연습.pptx **완성된 파일** : 1일차_연습(완성).pptx

☐ 지금하기 ☐ 나중에 하기

1 1일차_연습.pptx 파일을 열어 작품을 완성해보세요.

힌트 그림의 배치 순서를 변경하고 싶어요!

그림이 특정 개체의 뒤쪽으로 배치되어 선택되지 않거나 보이지 않을 경우에는 해당 개체 위에서 마우스 오른쪽 단추를 눌러 [맨 앞으로 가져오기(🗔)]를 선택해요. 반대로 [맨 뒤로 보내기(🗔)]를 선택하면 그림을 뒤쪽으로 보낼 수 있어요.

CHAPTER 02 마음대로 방 꾸미기

학습목표
- 도형 안에 그림을 채워요.
- 다양한 복사 기능을 이용하여 방을 꾸며요.

 배울 내용 미리보기!

📁 불러올 파일 : 2일차.pptx   📁 완성된 파일 : 2일차(완성).pptx

■ 다음 물건들은 우리 집의 어떤 장소에 위치하는 것이 좋을지 선택해보세요!

01 나만의 예쁜 벽 꾸미기

1. [PowerPoint()]를 실행한 후, '새 프레젠테이션'을 클릭한 다음 '2일차.pptx' 파일을 불러와요.
   ➡ [파일]-[열기]-[찾아보기]-[2일차]

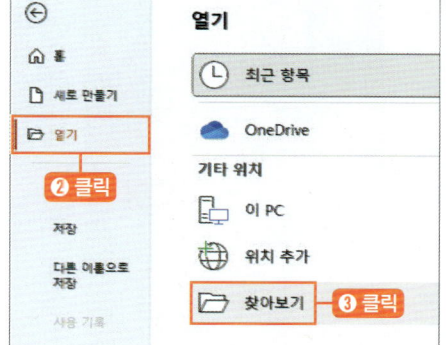 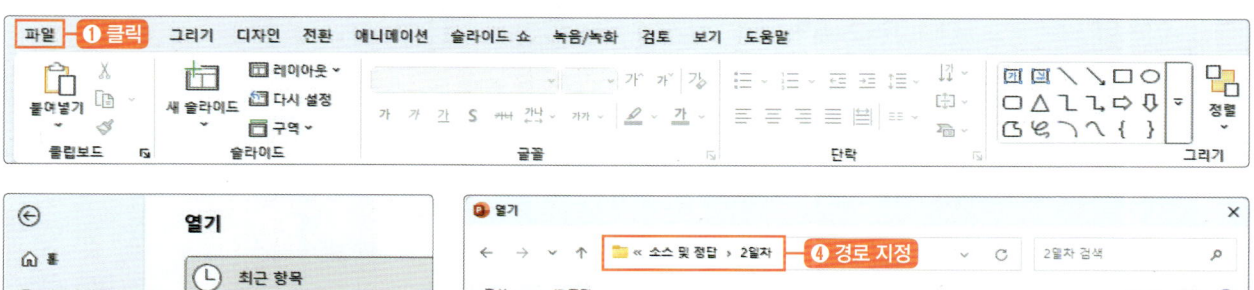

CHAPTER 02 마음대로 방 꾸미기 **015**

2 왼쪽 벽에 그림을 채우기 위해 빠르게 세 번 클릭해요.

> 그룹으로 지정된 도형 중에서 특정 도형만 선택하려면 해당 도형을 빠르게 세 번 클릭해요.

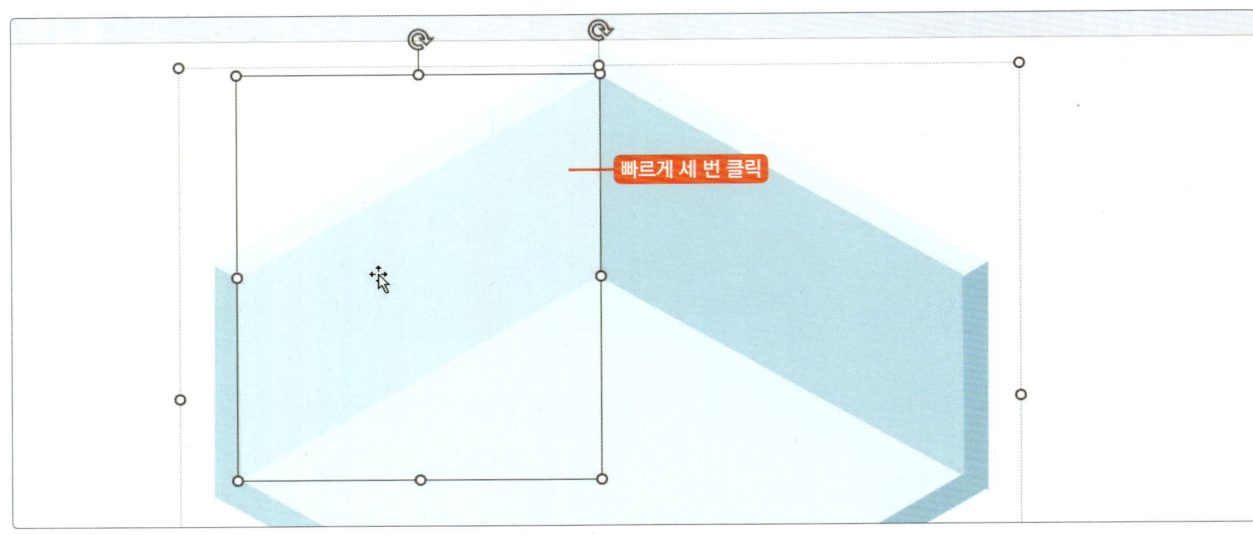

3 그림을 채우기 위해 [도형 채우기]를 클릭한 후, [그림]을 선택해요.
➡ [도형 서식]-[도형 스타일]-[도형 채우기]-[그림(🖼)]

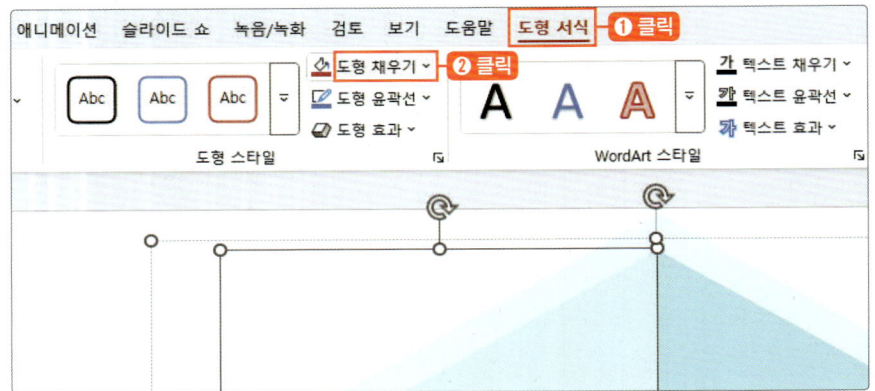 

4 [파일에서(🖥)]를 클릭한 후, [2일차]에서 원하는 이미지(벽지1)를 선택한 다음 <삽입> 단추를 클릭해요.

> <삽입> 단추를 누르는 대신, '벽지 1' 파일을 더블 클릭해도 그림이 삽입돼요.

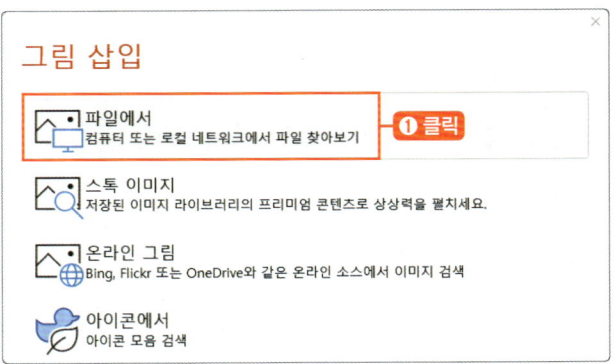 

5 Esc 키를 눌러 모든 선택을 해제한 후, 삽입된 벽지를 확인해요.

02 Ctrl + C, Ctrl + V ! 내방을 더욱 멋지게 꾸미기!

1. 왼쪽 슬라이드 미리 보기 창의 [슬라이드 2]를 클릭해요.

2. 원하는 '창문' 이미지를 선택한 후, [복사]를 클릭해요.
   ➡ [홈]-[클립보드]-[복사(📋)]

   복사 바로 가기 키는 Ctrl + C 에요.

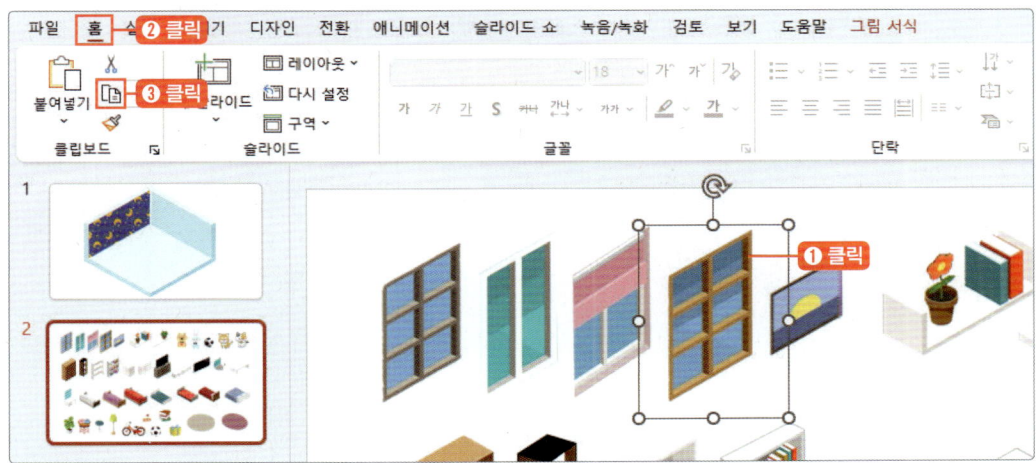

3. 왼쪽 슬라이드 미리 보기 창의 [슬라이드 1]을 선택한 후, [붙여넣기]를 클릭해요.
   ➡ [홈]-[클립보드]-[붙여넣기(📋)]

   붙여넣기 바로 가기 키는 Ctrl + V 에요.

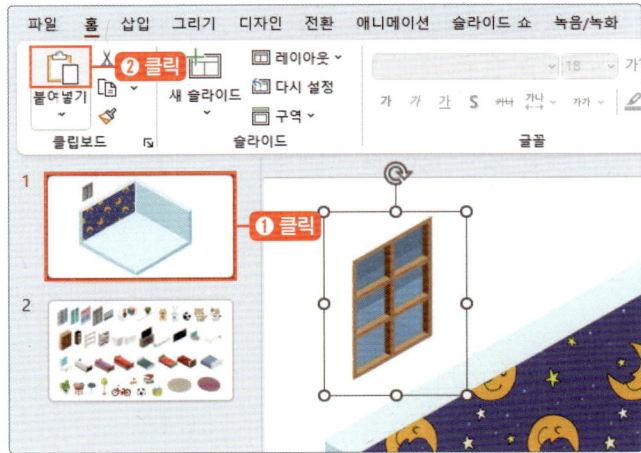
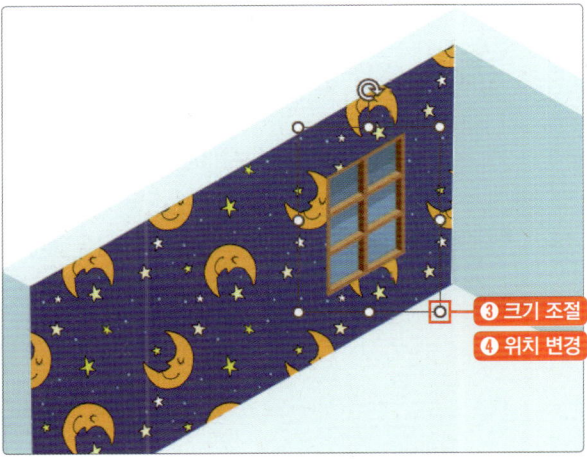

CHAPTER 02 마음대로 방 꾸미기 **017**

4 Ctrl + Shift 키를 누른 채 창문을 오른쪽으로 드래그하여 복사한 후, 창문 방향을 변경해요.
➡ [그림 서식]-[정렬]-[회전( )]-[좌우 대칭( )]

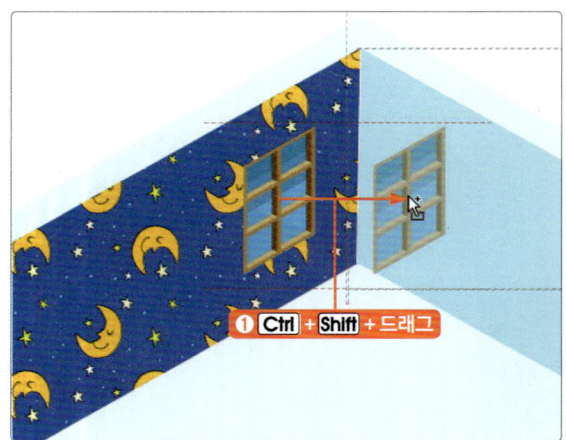
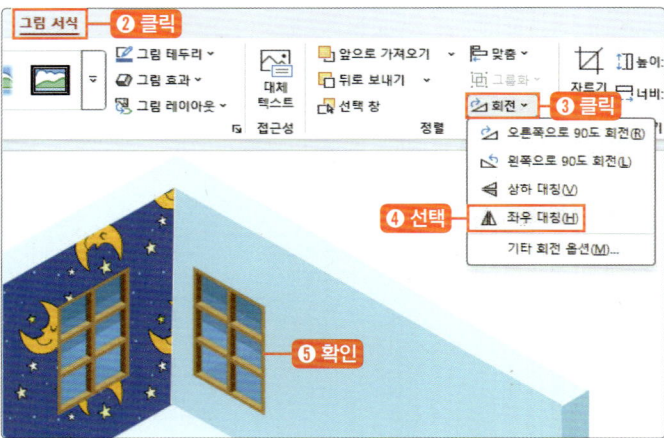

5 복사, 붙여넣기 기능을 이용하여 그림과 같이 예쁘게 방을 꾸며보아요.
➡ [홈]-[클립보드]-[복사( )], [붙여넣기( )]

크기 조절, 회전, 맨 뒤로 보내기, 좌우 대칭 등의 기능을 이용하여 다양하게 꾸며보아요.

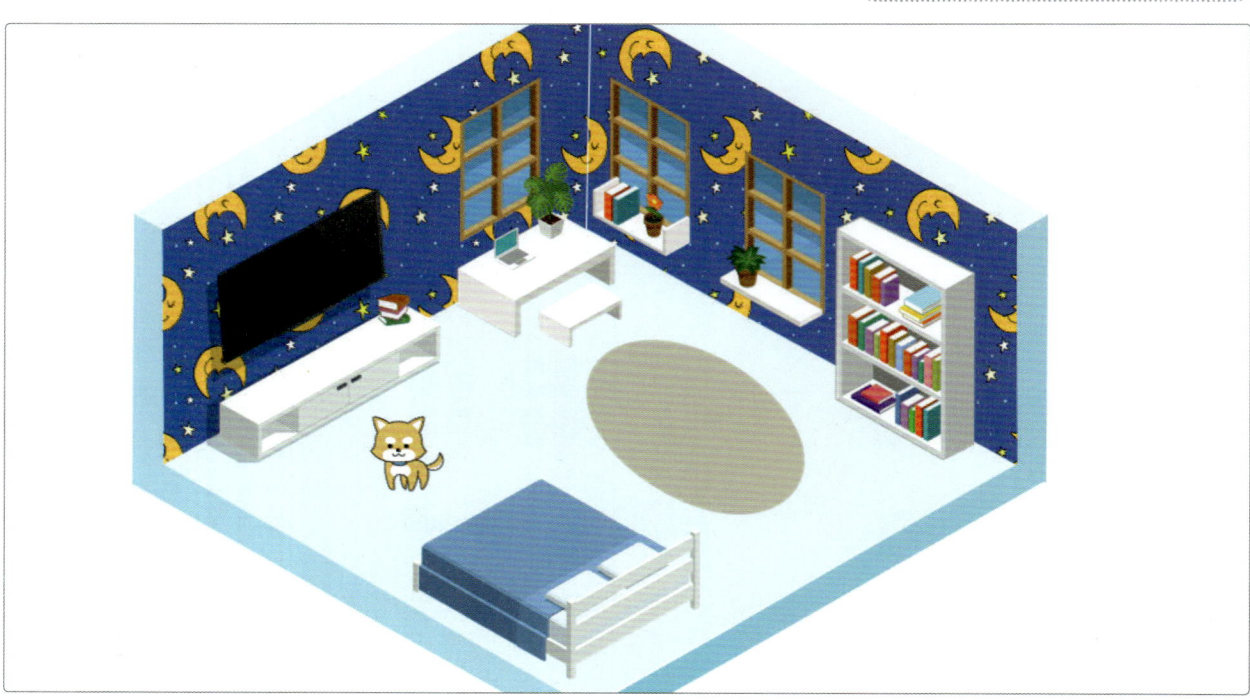

힌트 다양한 방법의 복사 및 붙여넣기

- [홈]-[클립보드]-[복사( )] / Ctrl + C
- [홈]-[클립보드]-[붙여넣기( )] / Ctrl + V
- Ctrl + 드래그 : 원하는 위치로 자유롭게 복사
- Ctrl + Shift + 드래그 : 현재 위치를 기준으로 수직 또는 수평으로 복사

CHAPTER 02

📁 **불러올 파일** : 2일차_연습.pptx 📗 **완성된 파일** : 2일차_연습(완성).pptx

☐ **지금하기** ☐ **나중에 하기**

1 2일차_연습.pptx 파일을 열어 자유롭게 작품을 완성해보세요.

CHAPTER 03 지붕 집 만들기

학습목표
- 도형을 질감으로 채워요.
- 곡선을 그리고 서식(윤곽선 색, 두께 등)을 변경하여 집을 완성해요.

📂 불러올 파일 : 없음   📄 완성된 파일 : 3일차(완성).pptx

 창의력 플러스

■ 파워포인트의 '도형 채우기' 기능을 이용하여 도형에 여러 가지 색을 채울 수 있어요. 아래 그림은 어떤 색들의 조합과, 패턴으로 이루어져 있는지 보기에서 찾아 개수를 적어보세요.

01 도형을 불러와, 알록달록 예쁜 색 입히기

1 새 프레젠테이션을 열어 슬라이드 레이아웃을 [빈 화면]으로 변경해요.
➡ 슬라이드-마우스 오른쪽 단추-[레이아웃]

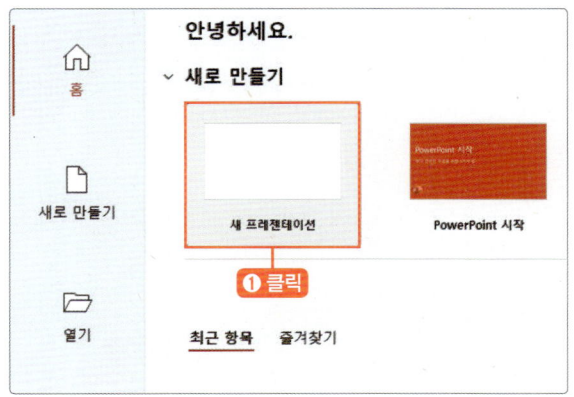
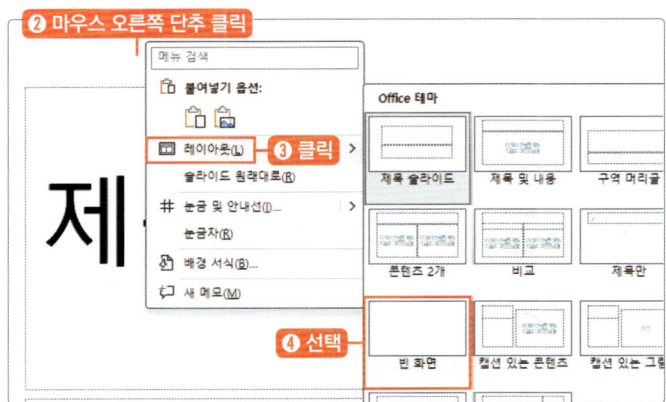

CHAPTER 03 지붕 집 만들기 **021**

2 [도형]에서 [직사각형(□)]을 선택한 후, 마우스 포인터가 '+' 모양으로 변경되면 드래그하여 도형을 삽입해요.

➡ [삽입]-[일러스트레이션]-[도형(🔷)]-[사각형]

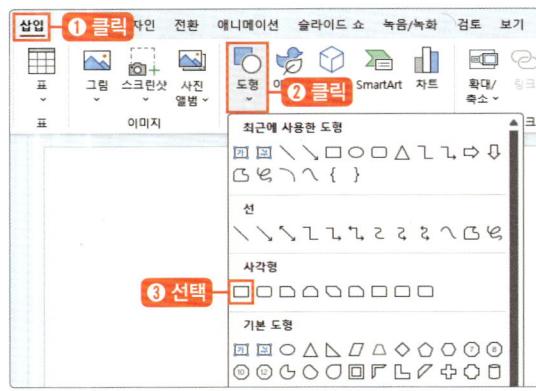 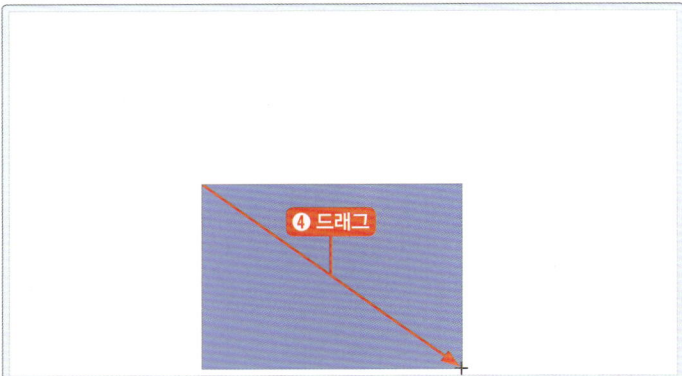

3 [도형 채우기]에서 원하는 색상(황금색, 강조 4)으로 변경해요.

➡ [도형 서식]-[도형 스타일]-[도형 채우기]-'황금색, 강조 4'

4 같은 방법으로 [도형]에서 [직사각형(□)]을 삽입하고 원하는 색상(흰색, 배경 1)과 크기, 위치를 변경해요.

➡ [삽입]-[일러스트레이션]-[도형(🔷)]-[사각형]
➡ [도형 서식]-[도형 스타일]-[도형 채우기]-'흰색, 배경 1'

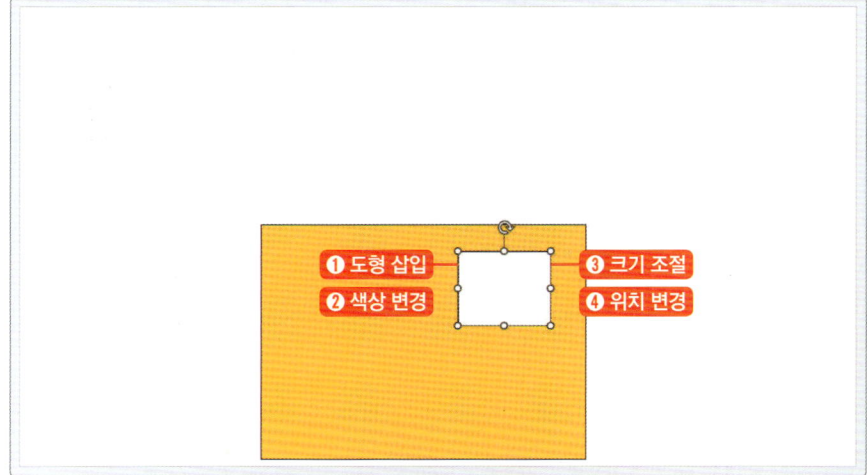

5 [도형]에서 [이등변 삼각형(△)]을 선택한 후, 마우스 포인터가 '+' 모양으로 변경되면 드래그하여 도형을 삽입해요.

➡ [삽입]-[일러스트레이션]-[도형(📷)]-[기본 도형]

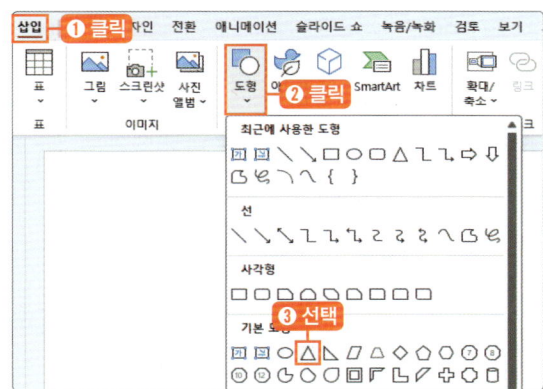
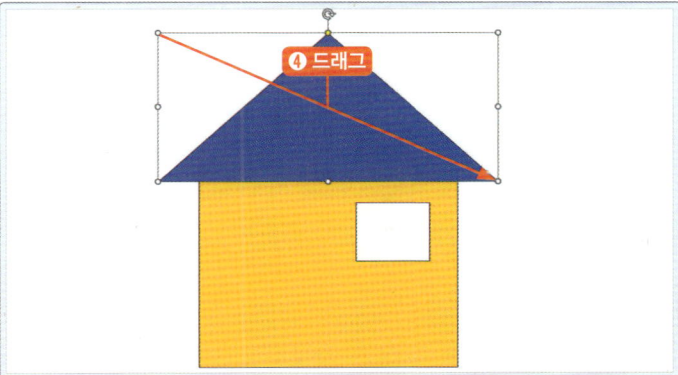

6 [도형 채우기]에서 원하는 색상(빨강)으로 변경한 후, 그림과 같이 크기와 위치를 변경해요.

➡ [도형 서식]-[도형 스타일]-[도형 채우기]-'빨강'

02 도형을 불러와, 특별한 무늬 입히기

1 [도형]에서 [직사각형(□)]을 삽입한 후, 원하는 질감(월넛)을 선택해요.

➡ [삽입]-[일러스트레이션]-[도형(📷)]-[사각형]   ➡ [도형 서식]-[도형 스타일]-[도형 채우기]-[질감(🔳)]-'월넛'

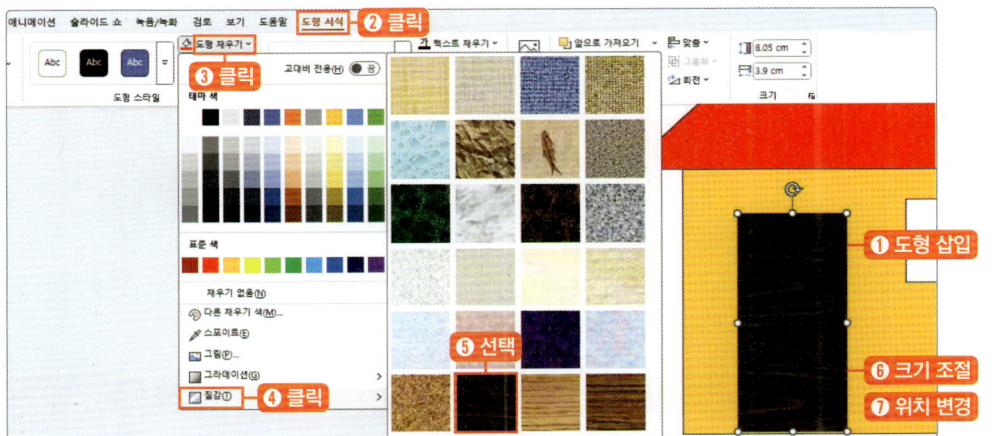

CHAPTER 03 지붕 집 만들기 **023**

03 꼬물꼬물 곡선을 만들고 마음대로 꾸미기

1 [도형]에서 [곡선(∿)]을 선택해요.
➡ [삽입]-[일러스트레이션]-[도형(⬚)]-[선]

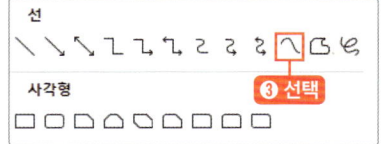

2 마우스 포인터가 '✛' 모양으로 변경되면 점을 찍듯이 클릭하여 지그재그 모양으로 만든 후, 마지막 점은 더블 클릭하여 도형을 완성해요.

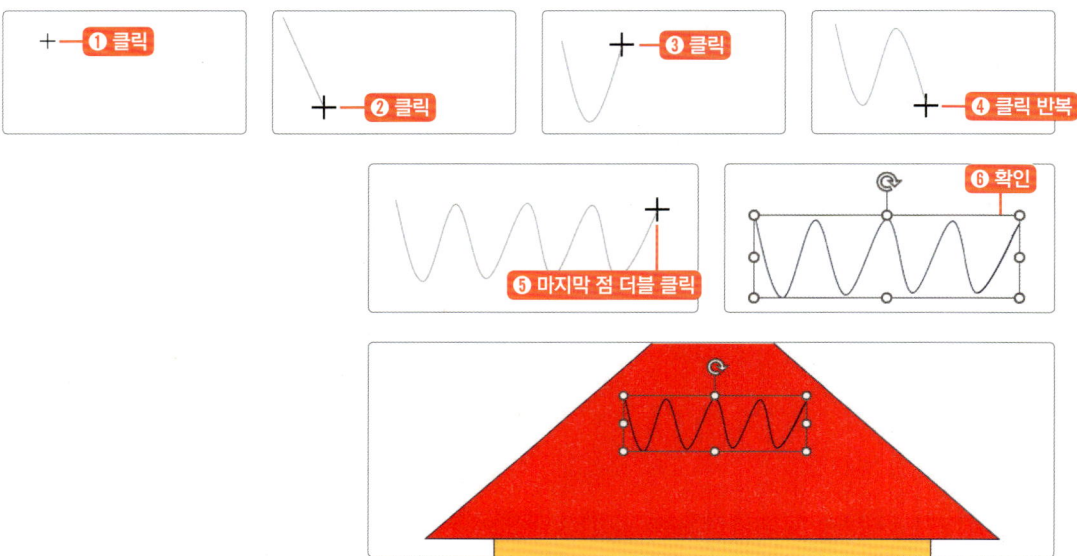

3 그림과 같이 원하는 색상(녹색)과 두께(6pt)를 선택해요.
➡ [도형 서식]-[도형 스타일]-[도형 윤곽선]-'녹색', [도형 윤곽선]-[두께(≡)]-'6pt'

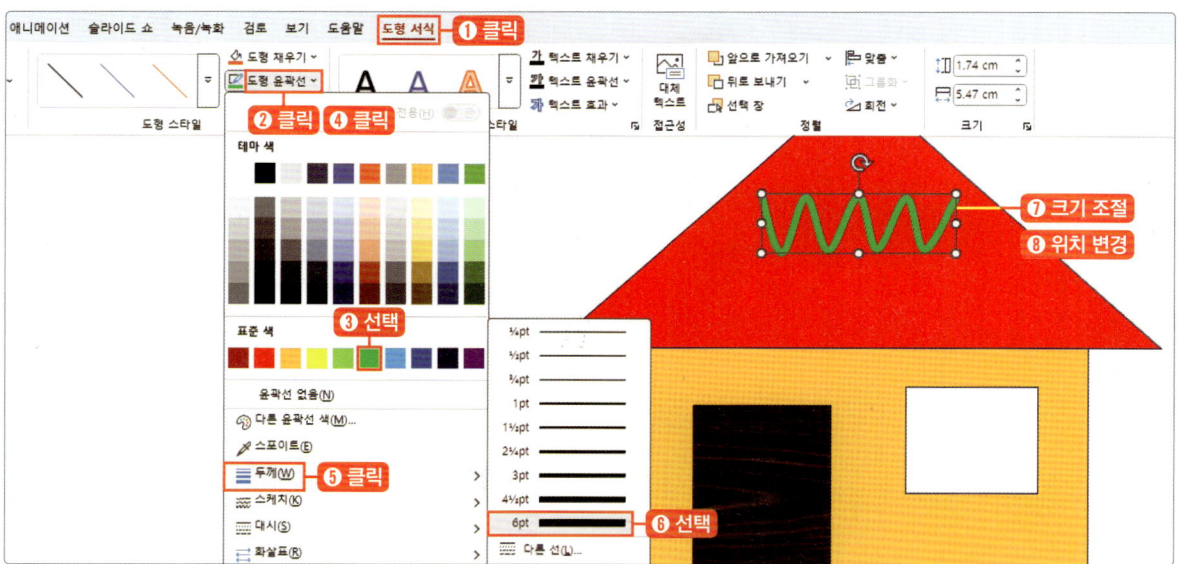

4 오늘 배운 기능과 아래 그림을 참고하여 작품을 완성해요.

📁 불러올 파일 : 없음   💾 완성된 파일 : 3일차_연습(완성).pptx   ☐ 지금하기 ☐ 나중에 하기

1 새 프레젠테이션을 열어 아래 그림과 같이 작품을 완성해보세요.

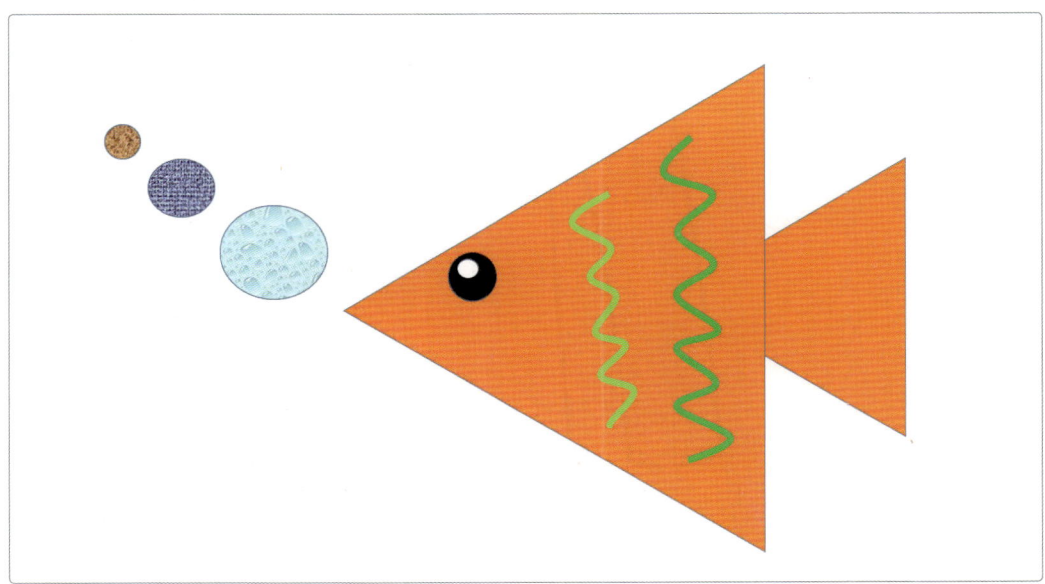

CHAPTER 04 옷 디자인하기

학습목표
- 도형의 윤곽선을 점선으로 변경해요.
- 자유 곡선을 삽입하여 재미있는 무늬로 옷을 디자인해요.

 배울 내용 미리보기!

📁 불러올 파일 : 4일차.pptx 📁 완성된 파일 : 4일차(완성).pptx

이럴 수가! 내가 그리고 싶은 모양이 도형에 없잖아?

내가 제일 잘 그리고 싶은데..!

그럼 포기하고 나랑 같이 놀자~!

난 할 수 있는데~

포기는 NO NO NO! 도형 중에서 '자유 곡선'을 이용하면 연필처럼 원하는 모양을 직접 그릴 수 있어요.

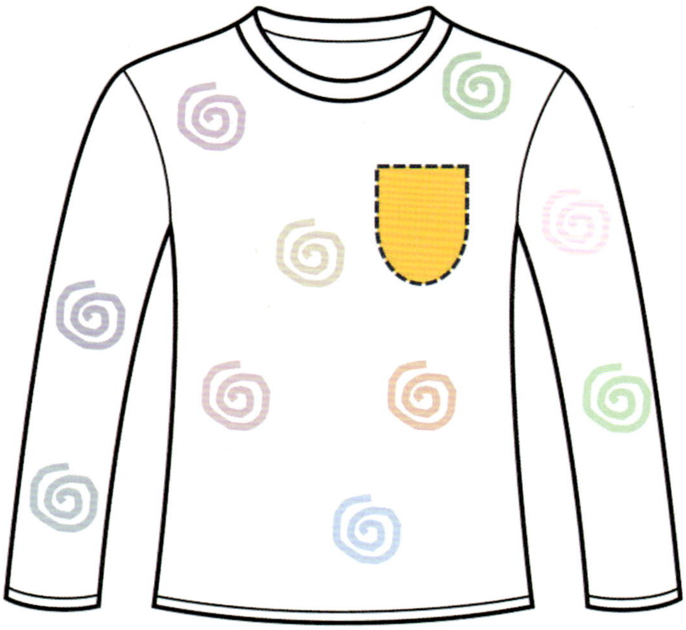

■ 파워포인트의 '자유 곡선' 기능을 이용하면 연필로 그리는 것처럼 자유롭게 선을 그릴 수 있어요. 아래 그림을 참고하여 선을 그리는 연습을 해보세요.

01 도형의 테두리 선을 점선으로 바꾸기

1 '4일차.pptx'를 불러온 후, [도형]에서 [순서도: 지연(D)]을 선택해요.

➡ [삽입]-[일러스트레이션]-[도형( )]-[순서도]

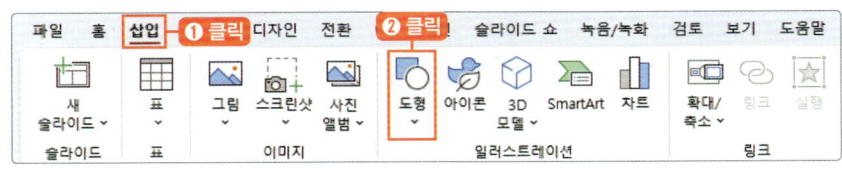 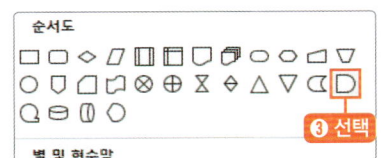

CHAPTER 04 옷 디자인하기 **027**

2 마우스 포인터가 '+' 모양으로 변경되면 드래그하여 도형을 삽입해요.

3 회전점( )을 오른쪽 아래 방향으로 회전한 후, [도형 채우기]에서 원하는 색상(주황)으로 변경해요.
➡ [도형 서식]-[도형 스타일]-[도형 채우기]-'주황'

> Shift 키를 누른 채 회전점( )을 드래그하면 회전 작업이 편리해요.

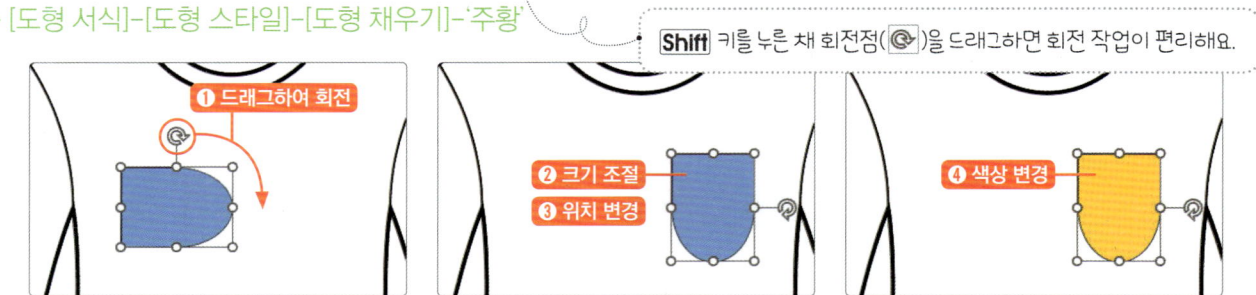

4 [도형 윤곽선]에서 원하는 두께(3pt)를 선택해요.
➡ [도형 서식]-[도형 스타일]-[도형 윤곽선]-[두께( )]-'3pt'

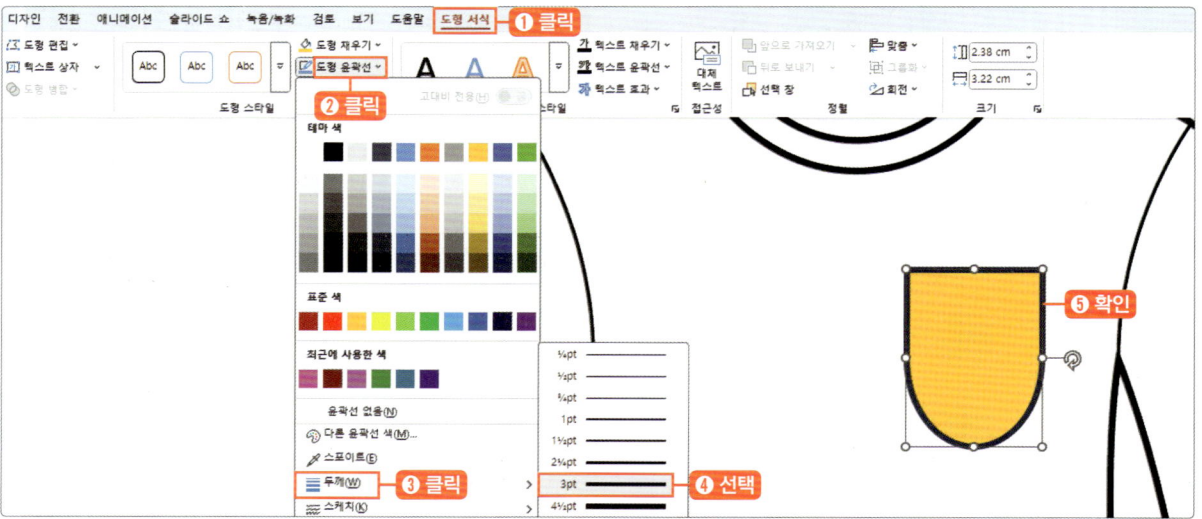

5 이어서, 다시 [도형 윤곽선]을 클릭한 후, 대시에서 원하는 점선(사각 점선)을 선택해요.
➡ [도형 서식]-[도형 스타일]-[도형 윤곽선]-[대시( )]-'사각 점선( )'

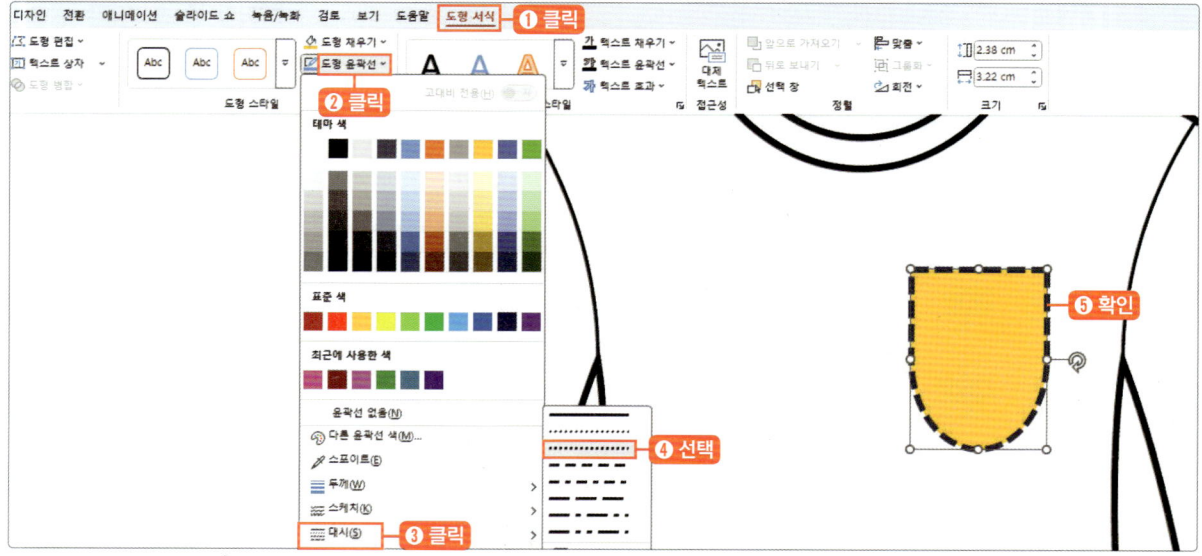

02 마음대로 꼬물꼬물 선 그리기

1 [도형]에서 [자유형: 자유곡선( )]을 선택해요.
➡ [삽입]-[일러스트레이션]-[도형( )]-[선]

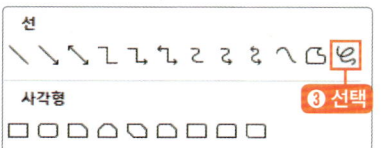

2 마우스 포인터가 ' ' 모양으로 변경되면 드래그하여 회오리 모양을 그려봐요.

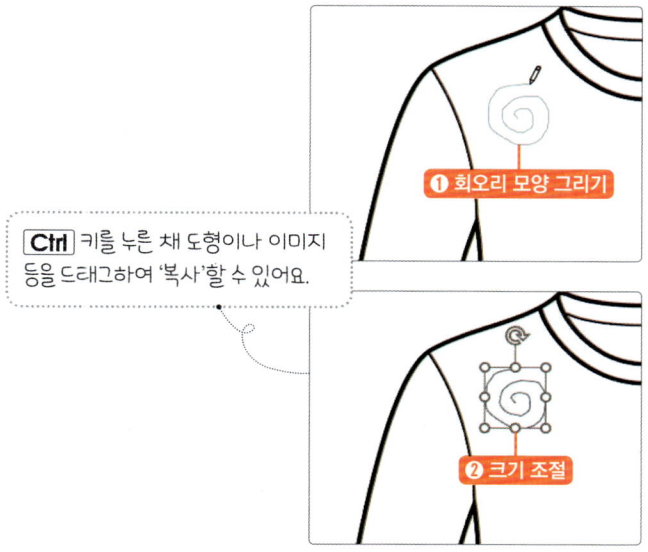

Ctrl 키를 누른 채 도형이나 이미지 등을 드래그하여 '복사'할 수 있어요.

03 선 마법으로 자유곡선 꾸미기!

1 Shift 키를 누른 채 회오리 모양을 모두 선택해요.

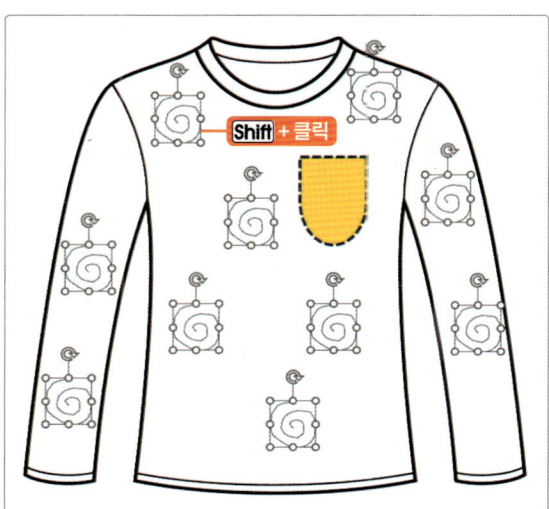

힌트 — 도형을 더 빠르게 선택하는 방법

Ctrl + A 키를 눌러 슬라이드에 삽입된 모든 도형을 선택한 다음 Shift 키를 누른 채 주황색 주머니를 클릭하면 자유곡선 도형만 빠르게 선택할 수 있어요.

2 [두께]에서 [다른 선(▨)]을 클릭해요.

➡ [도형 서식]-[도형 스타일]-[도형 윤곽선]-[두께(≡)]-[다른 선]

회오리 모양 위에서 마우스 오른쪽 단추를 클릭한 후, [개체 서식]을 선택해도 결과는 같아요!

3 오른쪽 작업 창이 나타나면 '투명도(70%)', '너비(6pt)'을 입력한 후, <닫기(✕)> 단추를 클릭해요.

4 Esc 키를 눌러 모든 선택을 해제한 후, 첫 번째 회오리 모양을 클릭해요.

5 이어서, [도형 윤곽선]에서 [다른 윤곽선 색(🎨)]을 클릭해요.

➡ [도형 서식]-[도형 스타일]-[도형 윤곽선]-[다른 윤곽선 색]

6 [기본]에서 원하는 색상을 선택한 후, <확인> 단추를 클릭해요. 이어서, 같은 방법으로 다른 회오리 모양들의 색상을 변경해요.

투명도를 '70%'로 지정했기 때문에 색상이 조금 연하게 보일 수 있어요!

CHAPTER 04 혼자서 뚝딱뚝딱

📁 불러올 파일 : 4일차_연습.pptx 💾 완성된 파일 : 4일차_연습(완성).pptx   ☐ 지금하기 ☐ 나중에 하기

1 4일차_연습.pptx 파일을 열어 작품을 완성해보세요.

1 [도형]-[선]에서 원하는 모양의 선으로 작업해요. ➡ [삽입]-[일러스트레이션]-[도형(🔽)]-[선]

2 그림에 쓰여있는 기능을 활용하여 여러 가지 선 모양과 효과를 적용해요.

CHAPTER 05 즐거운 우리집 만들기

학습목표
- 슬라이드 배경에 이미지를 채워봐요.
- 온라인 그림을 활용하여 작품을 꾸며봐요.
- 도형을 삽입한 후, 도형의 서식을 변경해요.

배울 내용 미리보기!

📁 불러올 파일 : 없음   💾 완성된 파일 : 5일차(완성).pptx

 창의력 플러스

■ 드림캐처는 아메리카 원주민들로부터 유래되었어요. 좋은 꿈을 꾸게 해준다고 하는 드림캐처는 문고리 또는 벽에 걸어 놓는 장식용으로 많이 사용되고 있어요. 아래 그림의 파란색 점을 기준으로 자유롭게 선을 그려서 나만의 드림캐처를 완성해보세요.

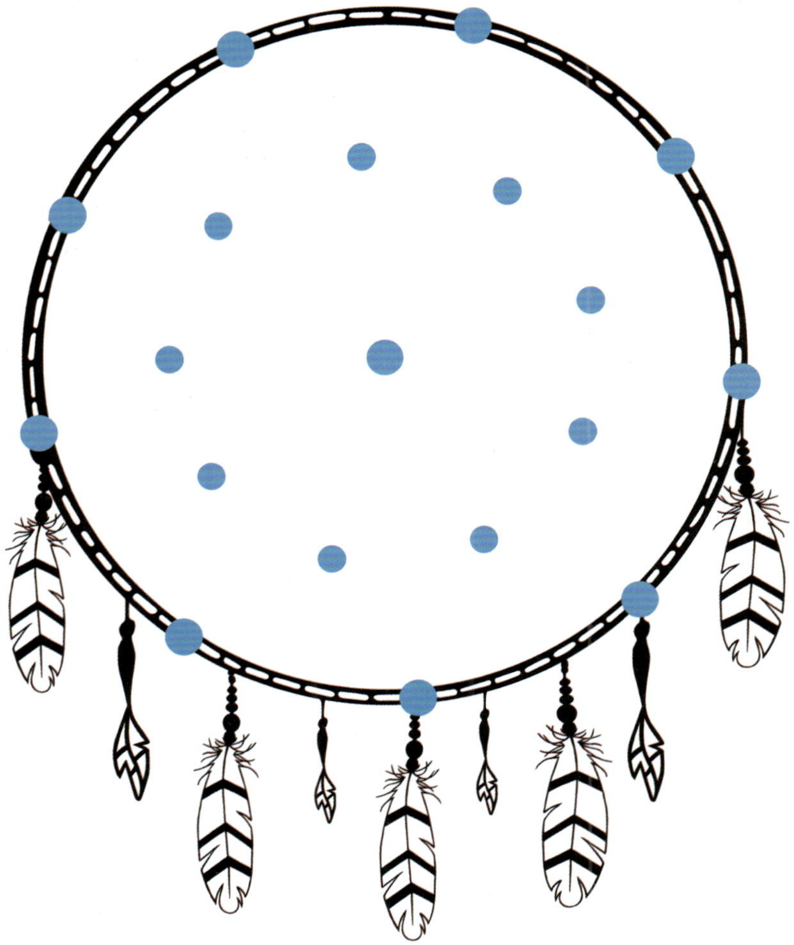

완성된 드림캐처 예시 이미지

01 내 슬라이드를 멋진 미술관으로 만들기

1 새 프레젠테이션을 열어 슬라이드 레이아웃을 [빈 화면]으로 변경해요.
➡ 슬라이드-마우스 오른쪽 단추-[레이아웃]

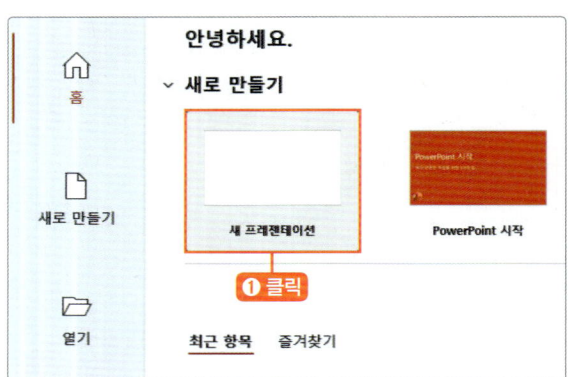 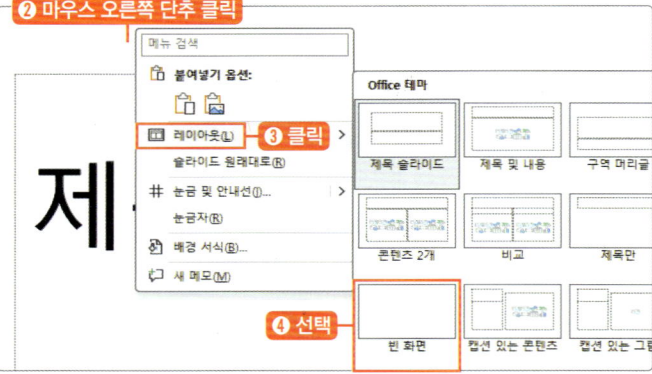

2 [배경 서식]에서 [그림 또는 질감 채우기]를 선택한 후, '하늘배경' 파일을 <삽입>해요.
➡ 슬라이드-마우스 오른쪽 단추-[배경 서식]-[그림 또는 질감 채우기]-[삽입]-[5일차]-'하늘배경'

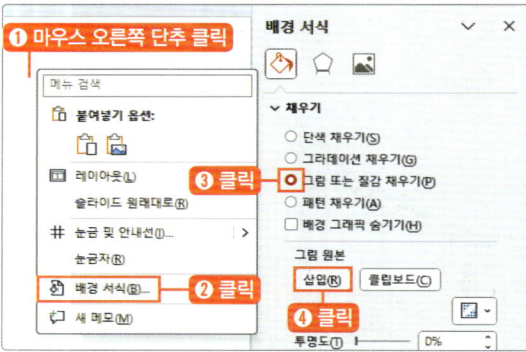 

02 인터넷에서 멋진 사진으로 내 미술관 꾸미기

1 [온라인 그림]을 클릭한 후, '사과나무'를 검색하여 그림을 삽입해요.
➡ [삽입]-[이미지]-[그림( )]-[온라인 그림( )]

'온라인 그림' 기능은 인터넷이 연결된 상태에서만 이용이 가능해요!

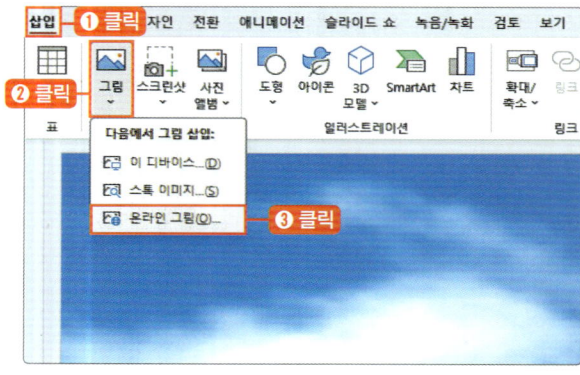 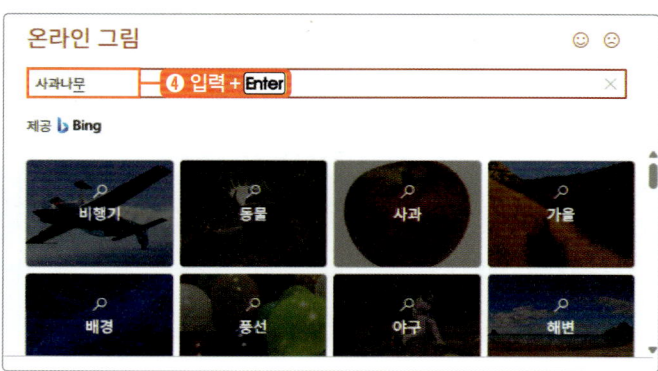

2 여러 가지 그림들이 표시되면 필터(▽) 단추를 눌러 [투명]을 선택한 후, 'Creative Commons만'의 체크 표시를 해제해요.

3 원하는 그림(사과나무)을 선택한 후, <삽입> 단추를 클릭해요.

> 온라인 그림은 업데이트로 인하여 교재와 똑같은 그림이 없을 수도 있어요!

4 슬라이드 그림이 삽입되면 크기 및 위치를 적당하게 변경해요.

5 같은 방법으로 [온라인 그림]을 이용하여 '집', '잔디', '가족' 이미지를 차례대로 검색한 후, 원하는 이미지를 찾아 넣어보아요.

➤ [삽입]-[이미지]-[그림(🖼)]-[온라인 그림(🌐)]-'집', '잔디', '가족'

삽입된 그림 위에서 마우스 오른쪽 단추를 눌러 [맨 앞으로 가져오기(⬆)] 또는 [맨 뒤로 보내기(⬇)]를 이용하면 해당 그림을 앞·뒤로 배치할 수 있어요.

03 도형을 불러와, 선을 안보이게 숨기기

1 [도형]에서 [하트(♡)]을 선택해요.

➤ [삽입]-[일러스트레이션]-[도형()]-[기본 도형]

2 마우스 포인터가 '+' 모양으로 변경되면 드래그하여 도형을 삽입해요.

3 [도형 채우기]에서 원하는 색상(노랑)을 클릭한 후, [도형 윤곽선]에서 '윤곽선 없음'을 선택해요.

➤ [도형 서식]-[도형 스타일]-[도형 채우기]-'노랑', [도형 윤곽선]-'윤곽선 없음'

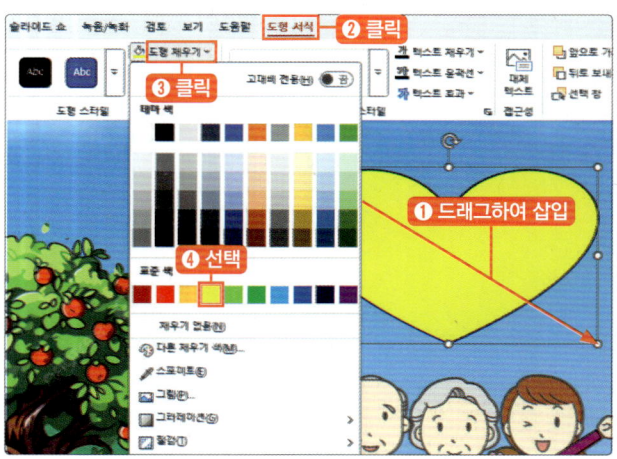 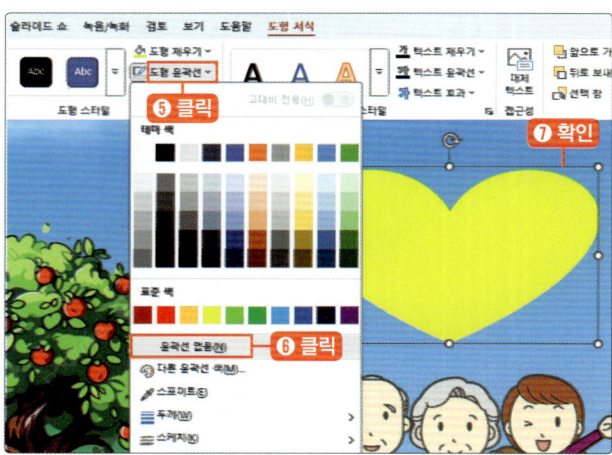

4 도형의 크기 및 위치를 변경하여 작품을 완성해요.

CHAPTER 05 혼자서 뚝 딱 뚝 딱

📁 불러올 파일 : 없음   💾 완성된 파일 : 5일차_연습(완성).pptx   ☐ 지금하기 ☐ 나중에 하기

1 새 프레젠테이션을 열어 작품을 완성해보세요.

1 [5일차]-'식탁배경' 이미지를 이용하여 배경을 지정해요.
➡ 슬라이드-마우스 오른쪽 단추-[배경 서식]-[그림 또는 질감 채우기]-[삽입]-[5일차]-'식탁배경'

2 온라인 그림 기능을 이용하여 식탁에 놓고 싶은 음식을 삽입해요.
➡ [삽입]-[이미지]-[그림()]-[온라인 그림()]

'온라인 그림'에서 '투명'으로 검색하고, 'Creative Commons만'의 체크표시를 해제하세요!

CHAPTER 06 부엉이 배경 만들기

학습목표
- 슬라이드 배경에 질감을 채워보아요.
- 도형에 텍스트를 입력하고 글꼴 서식을 변경해요.
- 온라인 그림을 활용하여 작품을 완성해요.

 불러올 파일 : 없음　 완성된 파일 : 6일차(완성).pptx

■ 키보드에서 영어를 입력하기 위해서는 [한영] 키를 눌러 영문 입력 상태로 전환해야 해요. 영문 입력 상태에서 [CapsLock](캡스락) 키를 누르면 대문자 또는 소문자로 전환하여 입력할 수 있어요.

① 아래 키보드에서 'LOVE YOU'를 찾아 색칠해보세요.

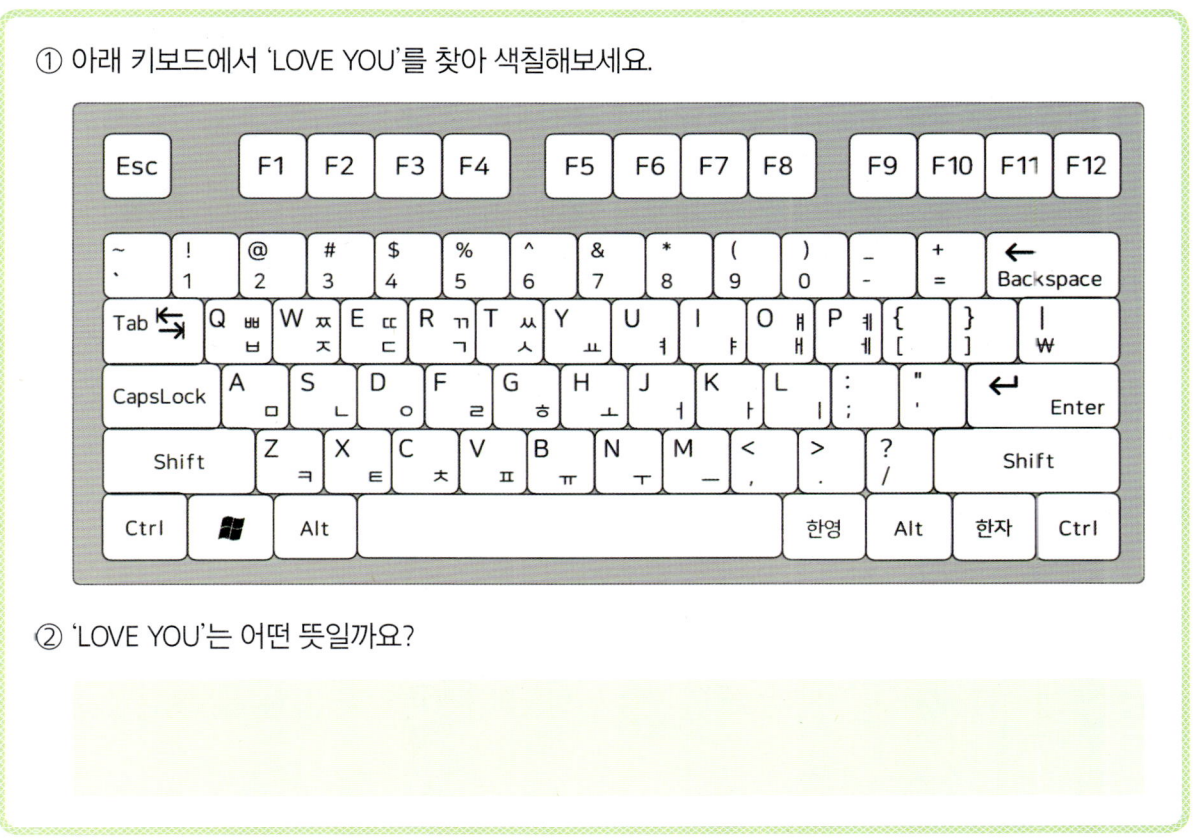

② 'LOVE YOU'는 어떤 뜻일까요?

01 슬라이드에 특별한 무늬 입히기

1 새 프레젠테이션을 열어 슬라이드 레이아웃을 [빈 화면]으로 변경해요.

➡ 슬라이드-마우스 오른쪽 단추-[레이아웃]

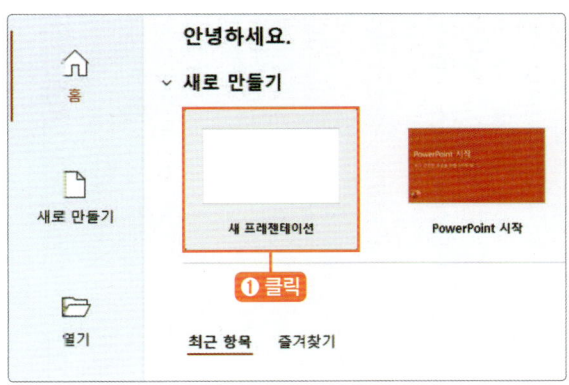 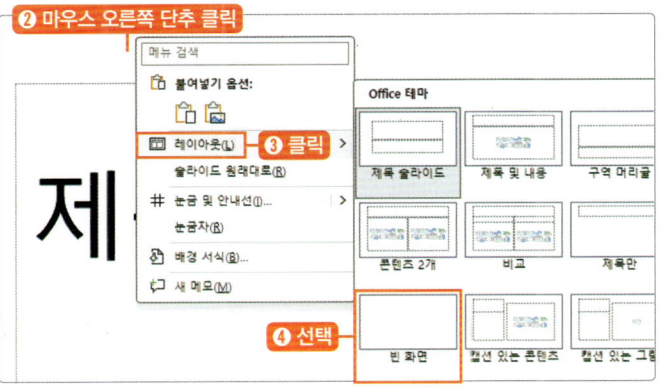

CHAPTER 06 부엉이 배경 만들기 **039**

2 [배경 서식]에서 [그림 또는 질감 채우기]를 선택한 후, 원하는 질감(꽃다발)을 선택해요.
➡ 슬라이드-마우스 오른쪽 단추-[배경 서식]-[그림 또는 질감 채우기]-[질감()]-'꽃다발'

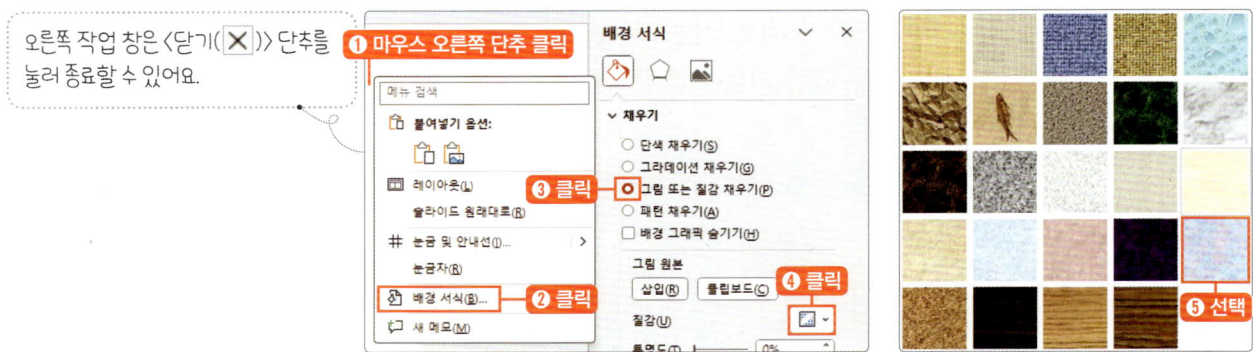

02 슬라이드에 도형을 불러와, 마음대로 색칠하기

1 [도형]에서 [사각형: 둥근 모서리(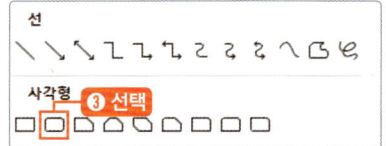)]를 선택해요.
➡ [삽입]-[일러스트레이션]-[도형( )]-[사각형]

2 마우스 포인터가 '+' 모양으로 변경되면 아래 그림을 참고하여 슬라이드에 도형을 삽입해요.

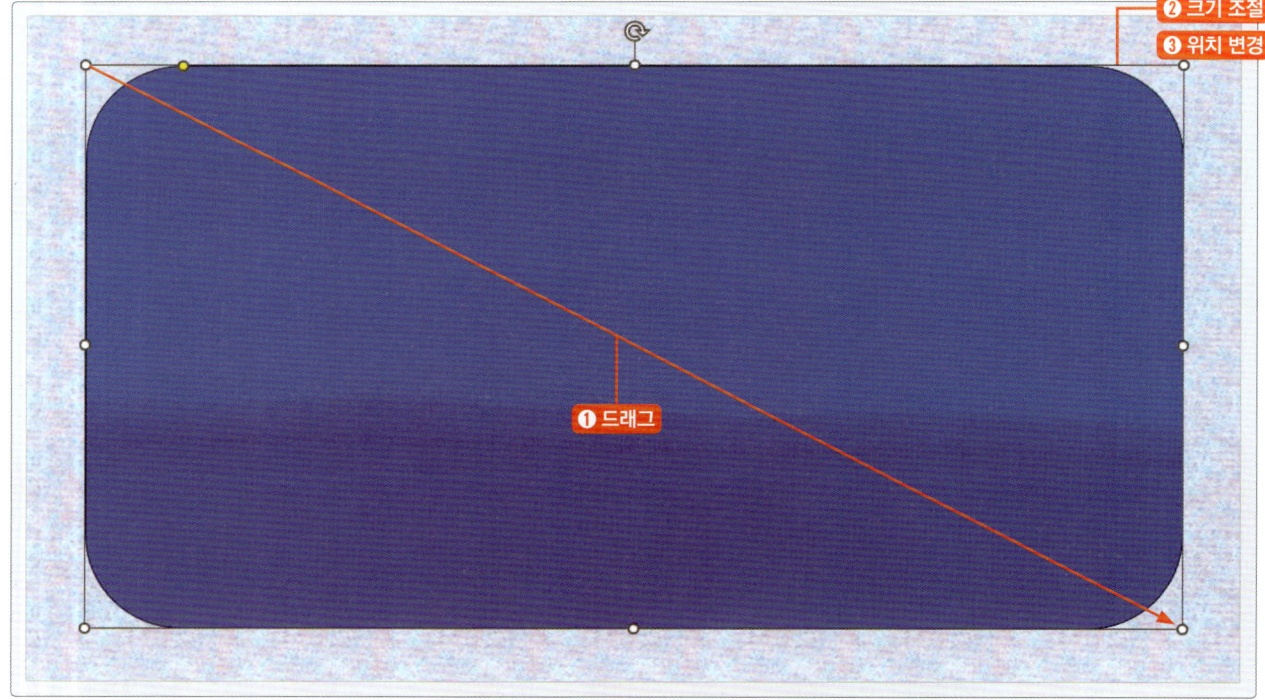

3 [도형 채우기]에서 원하는 색상(자주)을 클릭한 후, 원하는 그라데이션(선형 아래쪽)을 선택해요.
➡ [도형 서식]-[도형 스타일]-[도형 채우기]-'자주'
➡ [도형 채우기]-[그라데이션(■)]-'선형 아래쪽'

03 도형 안에 글자를 쓰고 마음대로 꾸며서 나만의 글자로 만들기

1 도형이 선택된 상태에서 'LOVE YOU'를 입력한 후, Esc 키를 눌러 선택을 해제해요.

[한영] 키를 눌러 영문 입력 상태로 전환한 후, Caps Lock 키를 눌러 영어 대문자를 입력해요.

'LOVE'를 입력하고 Enter 키를 눌러 아래로 한 줄을 띄운 후, 'YOU'를 입력해요.

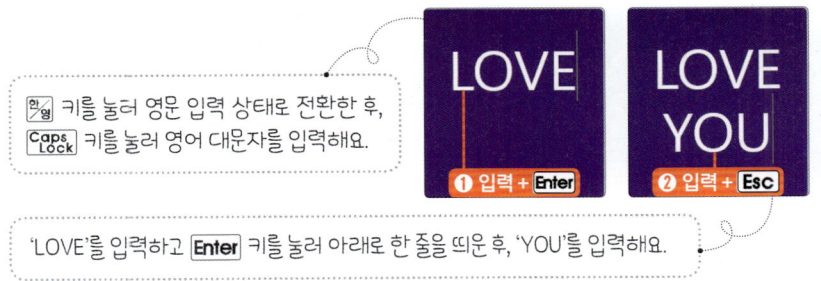
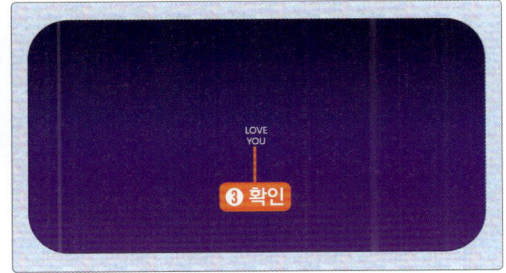

2 도형의 테두리가 선택된 것을 확인한 후, 원하는 글꼴 서식을 지정해요.
➡ [홈]-[글꼴]-'글꼴(휴먼둥근헤드라인)', '글꼴 크기(120)'

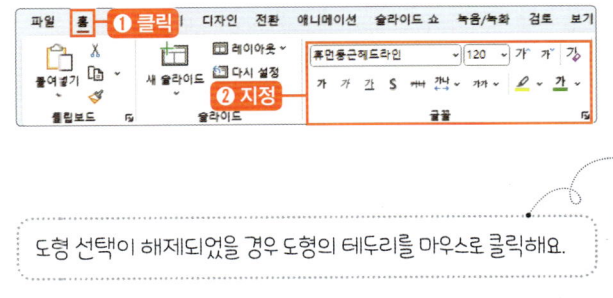

도형 선택이 해제되었을 경우 도형의 테두리를 마우스로 클릭해요.

04 세상 모든 그림을 내 슬라이드로 쏙~! 가져와서 꾸미기

1 [온라인 그림]을 클릭하여 '부엉이'를 검색해요.
➡ [삽입]-[이미지]-[그림( )]-[온라인 그림( )]-'부엉이'

'온라인 그림' 기능은 인터넷이 연결된 상태에서만 이용이 가능해요!

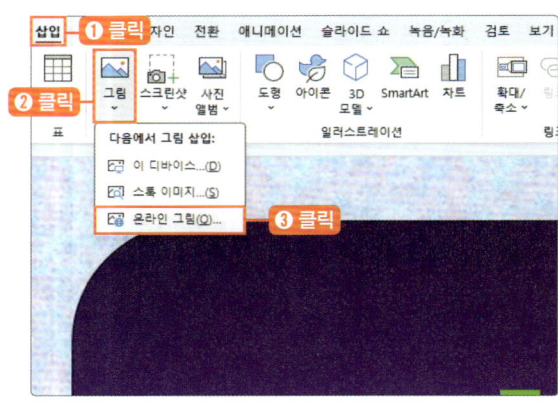
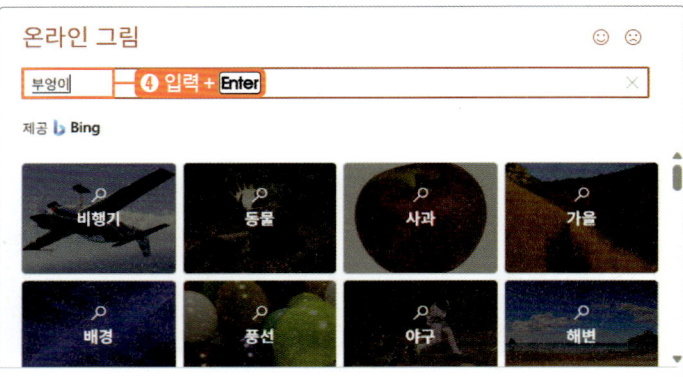

2 여러 가지 그림들이 표시되면 필터( ) 단추를 눌러 [투명]을 선택한 후, 'Creative Commons만'의 체크 표시를 해제해요.

3 원하는 그림(부엉이)을 선택한 후, <삽입> 단추를 클릭해요.

온라인 그림은 업데이트로 인하여 교재와 똑같은 그림이 없을 수도 있어요!

4 슬라이드 그림이 삽입되면 크기 및 위치를 적당하게 변경한 후, 같은 방법으로 [온라인 그림]에서 '별똥별' 이미지를 찾아 넣어봐요.
➡ [삽입]-[이미지]-[그림()]-[온라인 그림()]-'별똥별'

CHAPTER 06 혼자서 뚝딱뚝딱

📁 불러올 파일 : 없음   📄 완성된 파일 : 6일차_연습(완성).pptx   ☐ 지금하기 ☐ 나중에 하기

1 새 프레젠테이션을 열어 아래 그림과 같이 작품을 완성해보세요.

1️⃣ [배경 서식]에서 '그라데이션 미리 설정'을 변경하여 배경을 지정해요.
➡ 슬라이드-마우스 오른쪽 단추-[배경 서식]-[그라데이션 채우기]-[그라데이션 미리 설정(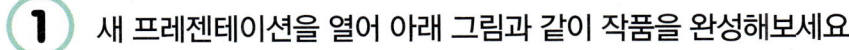)]-'가운데 그라데이션 - 강조 1'

2️⃣ [사각형: 모서리가 접힌 도형]을 삽입한 후, 그라데이션으로 색을 채우고 윤곽선 서식을 변경해요.
➡ [삽입]-[일러스트레이션]-[도형(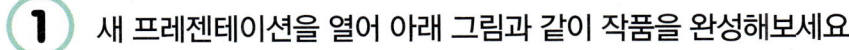)]-[기본 도형]-[사각형: 모서리가 접힌 도형(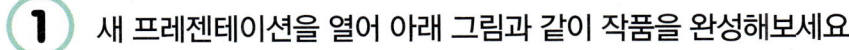)]
➡ [도형 서식]-[도형 스타일]-[도형 채우기]-'노랑'   ➡ [도형 채우기]-[그라데이션(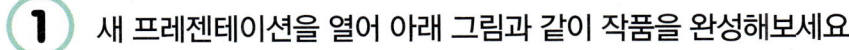)]-'선형 위쪽'

3️⃣ [온라인 그림]에서 '강아지'와 '캘리그라피'를 삽입해요.
➡ [삽입]-[이미지]-[그림(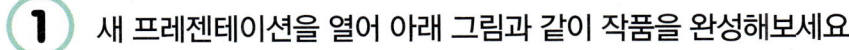)]-[온라인 그림(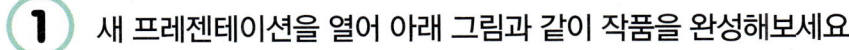)]-'강아지', '캘리그라피'

'온라인 그림'에서 '투명'으로 검색하고, 'Creative Commons만'의 체크표시를 해제하세요!

CHAPTER 07 컴퓨터의 구성 장치 알아보기

학습목표
- 그림과 도형을 삽입해요.
- 화살표를 삽입하여 개체(그림, 도형)을 서로 연결해요.
- 화살표의 윤곽선 서식을 변경해요.

📂 불러올 파일 : 7일차.pptx   📄 완성된 파일 : 7일차(완성).pptx

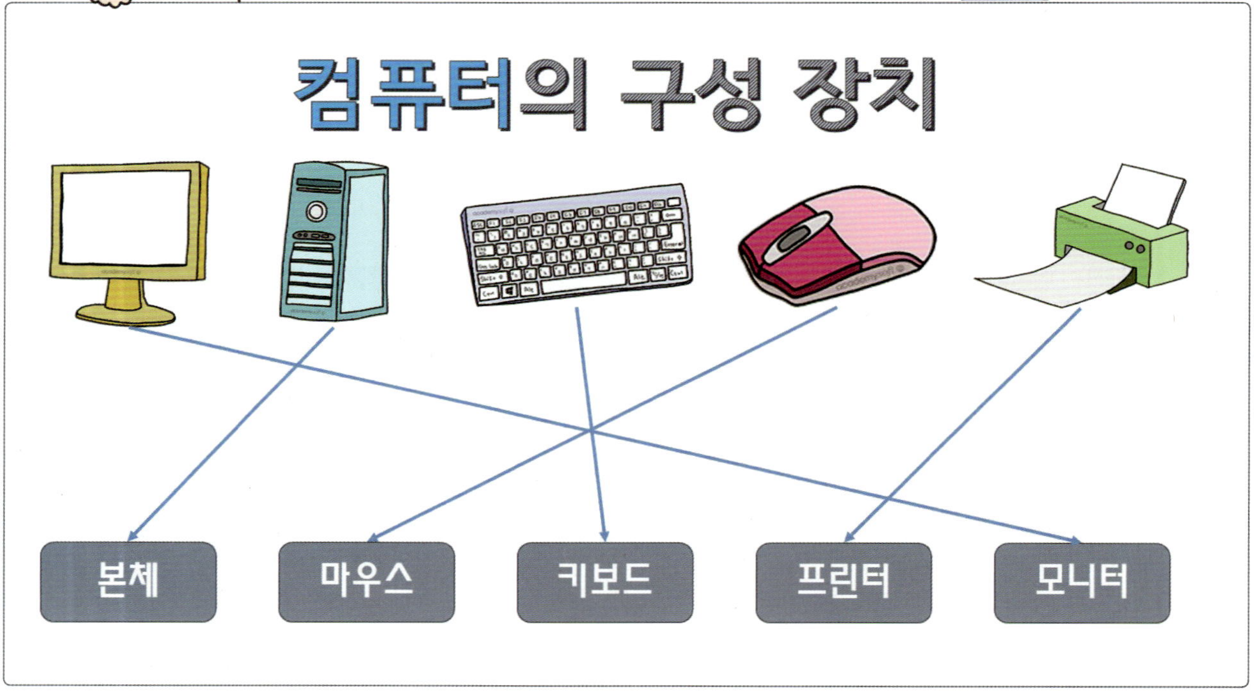

다음은 파워포인트의 [삽입] 메뉴에 있는 아이콘이에요. 해당 아이콘이 속해 있는 그룹과 아이콘의 이름을 적어보세요.

① [이미지]-그림
② [텍스트]-텍스트 상자
③ [일러스트레이션]-차트
④ [표]-표
⑤ [슬라이드]-새 슬라이드
⑥ [텍스트]-WordArt(워드아트)
⑦ [링크]-실행
⑧ [일러스트레이션]-도형
⑨ [이미지]-온라인 그림
⑩ [링크]-링크
⑪ [이미지]-사진 앨범
⑫ [텍스트]-머리글/바닥글

01 컴퓨터 구성 장치 그림을 슬라이드에 가져오기

1. '7일차.pptx'를 불러온 후, [그림]에서 '장치1' 이미지를 삽입해요.
   ➡ [파일]-[열기]-[찾아보기]-[7일차]
   ➡ [삽입]-[이미지]-[그림()]-[이 디바이스( )]-[7일차]-'장치1'

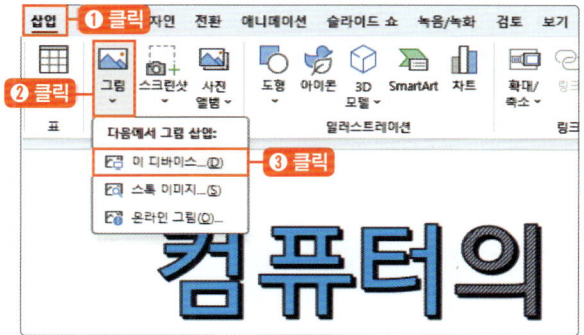
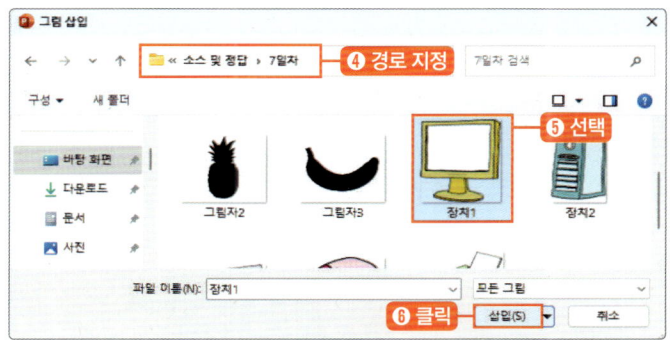

2️⃣ 삽입된 그림의 크기와 위치를 아래 그림과 같이 변경한 후, 같은 방법으로 '장치2~장치5'를 슬라이드에 삽입해요.

➡ [삽입]-[이미지]-[그림( )]-[이 디바이스( )]-'장치2~5'

02 도형을 불러와, 구성 장치 이름표 만들기

1️⃣ [도형]에서 [사각형: 둥근 모서리( )]를 선택한 후, 마우스 포인터가 ' ' 모양으로 변경되면 드래그하여 도형을 삽입해요.

➡ [삽입]-[일러스트레이션]-[도형( )]-[사각형]

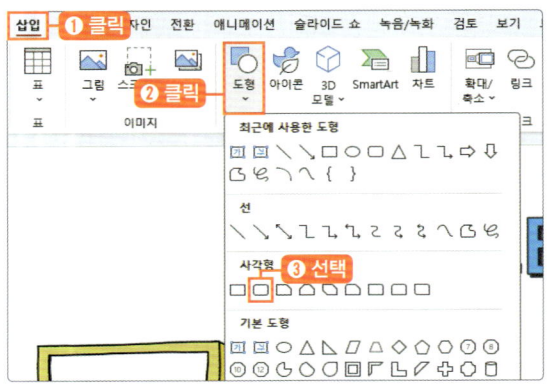

2️⃣ 원하는 색상(청회색, 텍스트 2, 40% 더 밝게)을 클릭한 후, 그림을 참고하여 크기와 위치를 변경해요.

➡ [도형 서식]-[도형 스타일]-[도형 채우기]-'청회색, 텍스트 2, 40% 더 밝게'

3 도형이 선택된 상태에서 '본체'를 입력한 후, Esc 키를 눌러 선택을 해제해요.

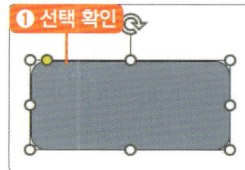 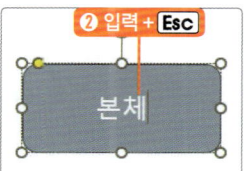

4 원하는 글꼴 서식을 지정해요.
➡ [홈]-[글꼴]-'글꼴(휴먼모음T)', '글꼴 크기(30)'

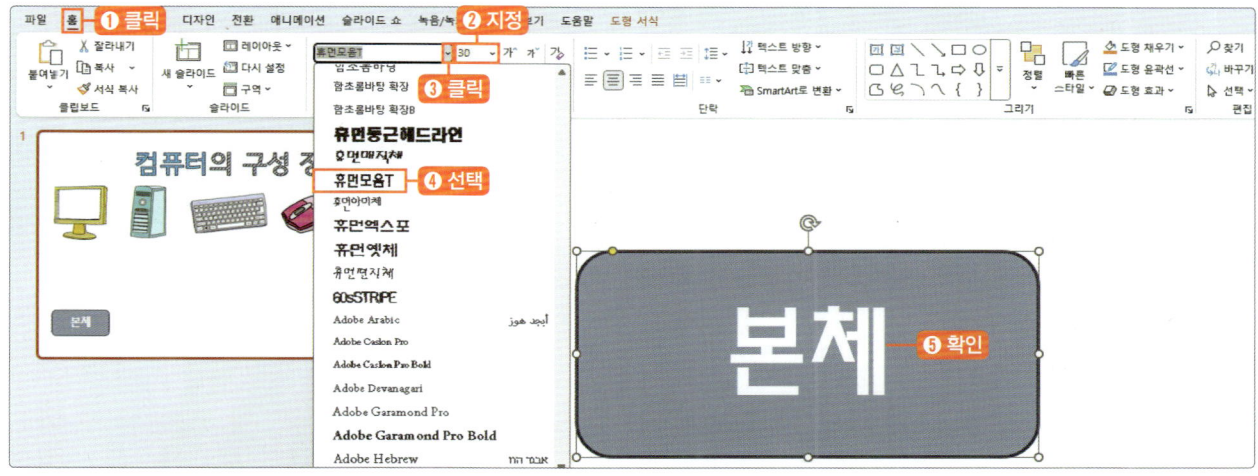

5 Ctrl + Shift 키를 누른 채 오른쪽으로 드래그하여 복사해요. 이어서, 같은 작업을 3번 더 반복해요.

6 두 번째 도형 안쪽의 텍스트를 더블 클릭하여 블록으로 지정해요. 이어서, Delete 키를 눌러 '본체'를 삭제하고 '마우스'를 입력해요.

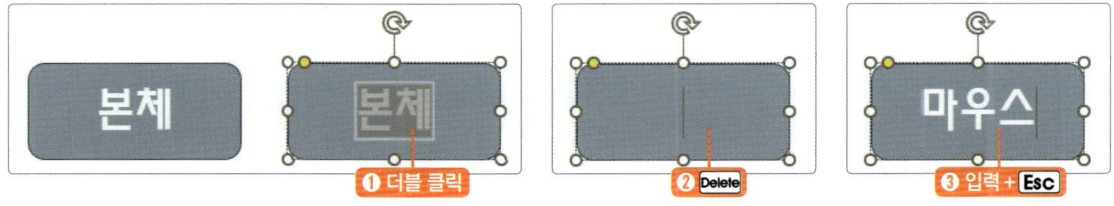

7 같은 방법으로 나머지 도형들도 그림과 같이 텍스트를 수정해요.

03 나는 누구일까? 구성 장치에 맞는 예쁜 이름표 달아주기

1 [도형]에서 [선 화살표(↘)]를 선택해요.
➡ [삽입]-[일러스트레이션]-[도형(⬭)]-[선]

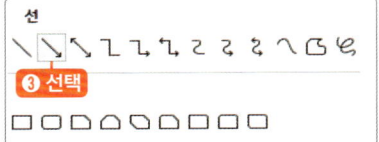

2 마우스 포인터가 '✛' 모양으로 변경되면 그림과 같은 이름의 도형을 찾아 드래그해요.

> 그림 아래쪽에 나타나는 점을 클릭한 후, 화살표 조절점을 도형으로 드래그하여 그리는 방법도 있어요!

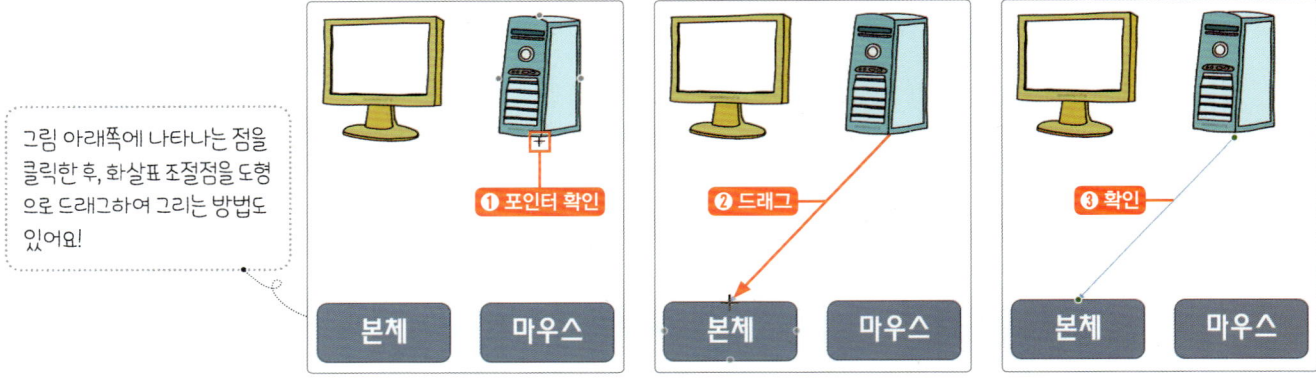

3 원하는 색상(파랑, 강조 1)과 두께(3pt)를 선택해요.
➡ [도형 서식]-[도형 스타일]-[도형 윤곽선]-'파랑, 강조 1'
➡ [도형 윤곽선]-[두께(≡)]-'3pt'

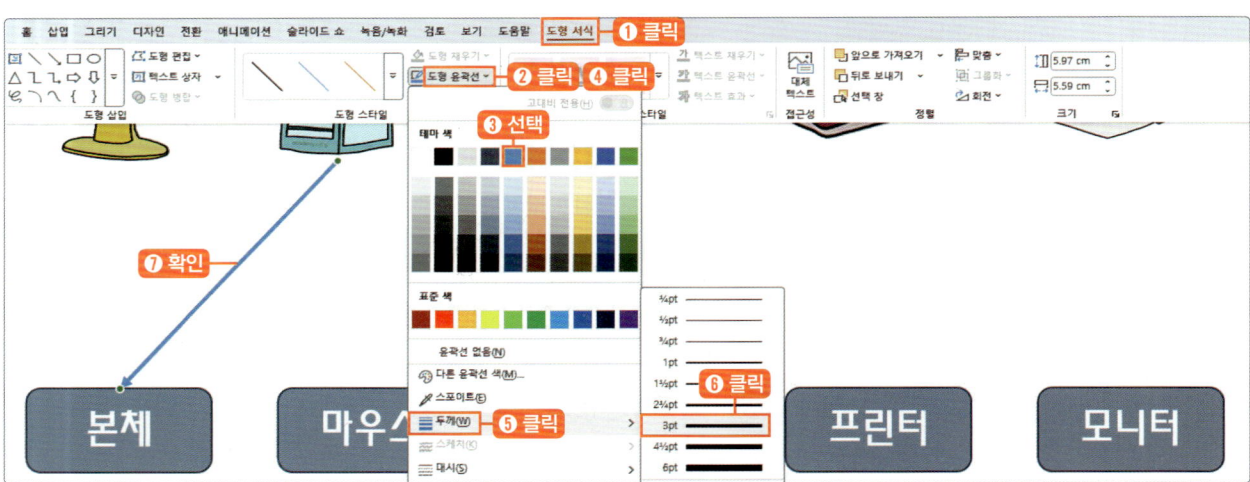

4 같은 방법으로 그림과 같은 이름의 도형을 찾아 화살표를 연결하여 작품을 완성해요.

CHAPTER 07

혼자서 뚝딱뚝딱

📁 불러올 파일 : 7일차_연습.pptx   📁 완성된 파일 : 7일차_연습(완성).pptx

☐ 지금하기　☐ 나중에 하기

1 7일차_연습.pptx 파일을 열어 아래 그림과 같이 작품을 완성해보세요.

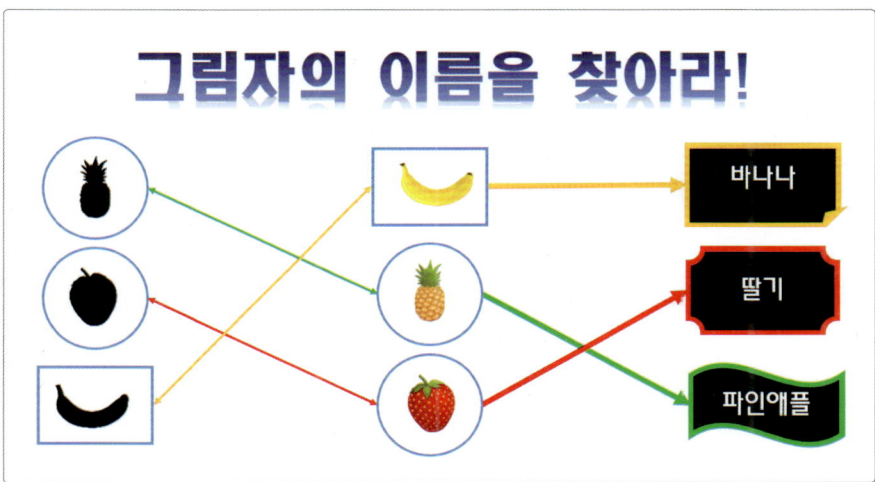

1. [직사각형(□)] 도형으로 작업해요.　➤ [삽입]-[일러스트레이션]-[도형(○)]-[사각형]

2. '그림자3', '과일3' 이미지를 사용하여 작업해요.
   ➤ [삽입]-[이미지]-[그림(🖼)]-[이 디바이스(💻)]-[7일차]-'그림자3', '과일3'

3. [사각형: 모서리가 접힌 도형(□)]으로 작업해요.　➤ [삽입]-[일러스트레이션]-[도형(○)]-[기본 도형]

4. [선]에서 원하는 모양의 선으로 작업해요.　➤ [삽입]-[일러스트레이션]-[도형(○)]-[선]

힌트 화살표의 머리 유형과 크기 등을 변경하는 방법

삽입된 화살표 위에서 마우스 오른쪽 단추를 눌러 [도형 서식]을 클릭한 후, 오른쪽 작업 창이 나오면 '화살표 머리 유형, 화살표 머리 크기' 등을 변경할 수 있어요.

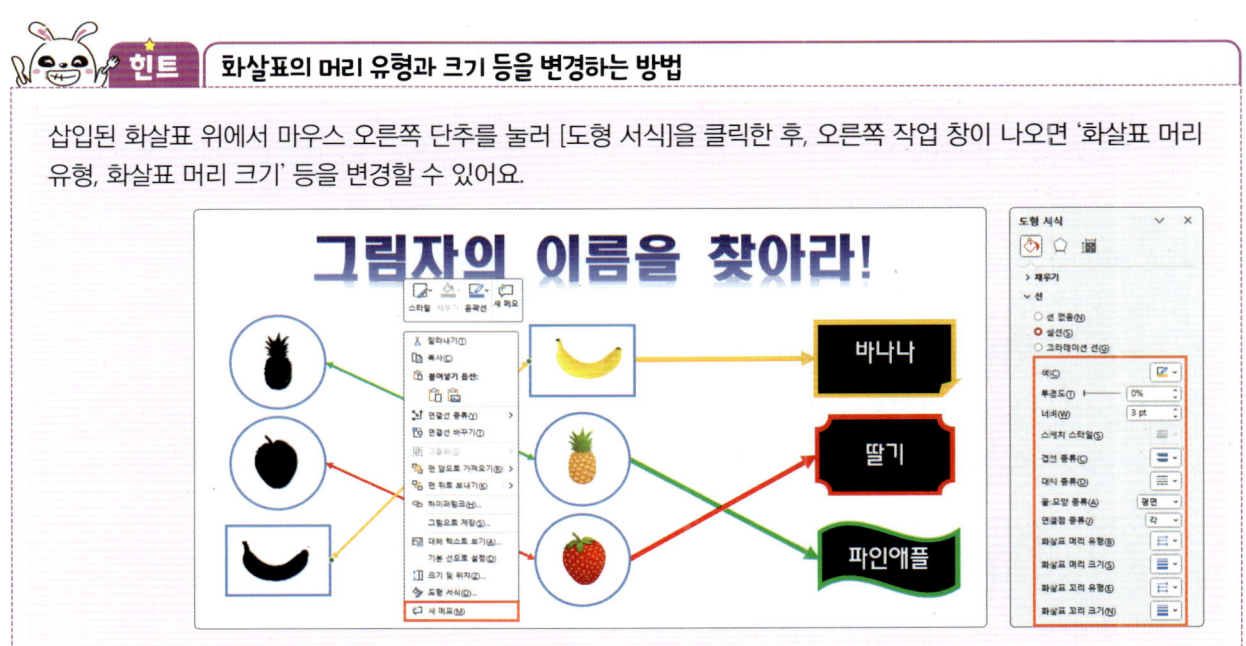

CHAPTER 08 혼자서도 잘해요!

학습목표
- 1일차~7일차에서 배운 내용을 혼자 스스로 완성해요.

 〈작업 순서〉를 참고하여 아래 그림과 같이 슬라이드를 완성해요.

📁 불러올 파일 : 거울배경.png, 지니.png   📁 완성된 파일 : 8일차_요술램프(완성).pptx

• 작업 순서 •

1 [빈 화면] ➡ 슬라이드-마우스 오른쪽 단추-[레이아웃]

2 '거울배경.png' 그림으로 지정
  ➡ 슬라이드-마우스 오른쪽 단추-[배경 서식]-[그림 또는 질감 채우기]-[삽입]-[8일차]-'거울배경'

3 [타원(○)]을 삽입 → 도형 채우기 및 도형 윤곽선 서식 변경
  ➡ [삽입]-[일러스트레이션]-[도형(○)]-[기본 도형]
  ➡ [도형 서식]-[도형 스타일]-[도형 채우기]-'진한 빨강', [도형 윤곽선]-'녹색'

4 [온라인 그림]에서 '요술램프' 온라인 그림 삽입
  ➡ [삽입]-[이미지]-[그림(🖼)]-[온라인 그림(🖼)]-'요술램프'

5 '지니.png' 그림 삽입 → 그림을 복사 → [회전]에서 [좌우 대칭]
  ➡ [삽입]-[이미지]-[그림(🖼)]-[이 디바이스(🖼)]-'지니.png'
  ➡ [그림 서식]-[정렬]-[회전(↻)]-[좌우 대칭(◭)]

문제 02 〈작업 순서〉를 참고하여 아래 그림과 같이 슬라이드를 완성해요.

📂 불러올 파일 : 8일차_열기구 배경.pptx, 깃발.png   💾 완성된 파일 : 8일차_열기구(완성)

작업 순서

1. **배경** : 8일차_열기구 배경.pptx

2. **도형** : [기본 도형]-[타원(○)]
   도형 윤곽선 : 밝은 회색, 배경 2, 25% 더 어둡게
   도형 채우기 : 파랑, 그라데이션 : 선형 아래쪽
   도형 두께 : 6pt

3. **도형** : [사각형]-[직사각형(□)]
   도형 채우기 : 밝은 회색, 배경 2, 50% 더 어둡게
   도형 윤곽선 : 윤곽선 없음

4. **도형** : [순서도]-[순서도: 수행의 시작/종료(○)]
   도형 채우기 : 주황, 강조 2, 40% 더 밝게
   도형 윤곽선 : 윤곽선 없음

5. **도형** : [기본 도형]-[사다리꼴(△)], 회전점(⟳)
   도형 채우기 : 주황, 강조 2, 40% 더 밝게
   도형 윤곽선 : 윤곽선 없음

6. **도형** : [기본 도형]-[이등변 삼각형(△)], 회전점(⟳)
   도형 채우기 : 빨강, 노랑, 녹색, 파랑, 자주
   도형 윤곽선 : 윤곽선 없음

7. **'깃발.png' 그림 삽입**
   [맨 뒤로 보내기(⬛)]를 적용

CHAPTER 09 윙크하는 캐릭터 만들기

 학습목표
- 도형을 그룹화하고 복사해요.
- 도형에 깜박이기 애니메이션을 적용해요.

📁 불러올 파일 : 9일차.pptx   📁 완성된 파일 : 9일차(완성).pptx

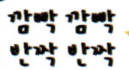

파워포인트의 애니메이션 기능을 이용하여 움직이는 캐릭터를 만들 수 있어요. [9일차]–'스톱모션.gif'를 열어 애니메이션을 확인한 후, 아래 빈칸에 들어갈 액션을 그려 넣어보세요.

01 오른쪽 눈을 초롱초롱 예쁘게 만들기

1 '9일차.pptx'를 불러온 후, [타원(○)]을 선택하여 `Shift` 키를 누른 채 도형을 그리고 도형 서식을 변경해요.

➤ [삽입]–[일러스트레이션]–[도형(🔲)]–[기본 도형]
➤ [드형 서식]–[도형 채우기]–'검정, 텍스트 1', [도형 윤곽선]–'윤곽선 없음'

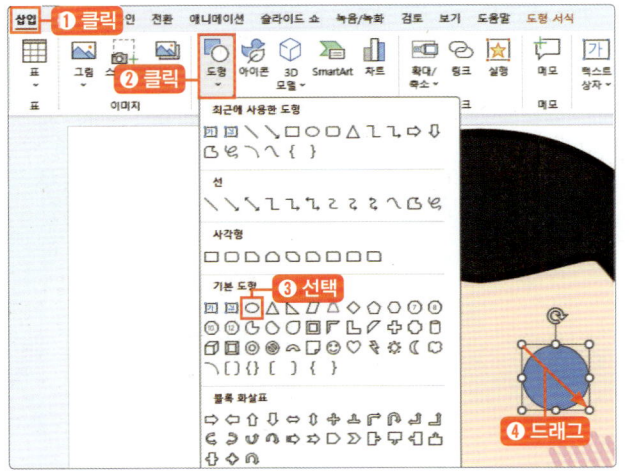 

CHAPTER 09 윙크하는 캐릭터 만들기 **053**

2. 같은 방법으로 [타원(○)]을 이용하여 안쪽 눈을 그린 후, 도형 서식을 변경해요.
   ➡ [삽입]-[일러스트레이션]-[도형(🔲)]-[기본 도형]
   ➡ [도형 서식]-[도형 채우기]-'검정, 텍스트 1', [도형 윤곽선]-'윤곽선 없음'

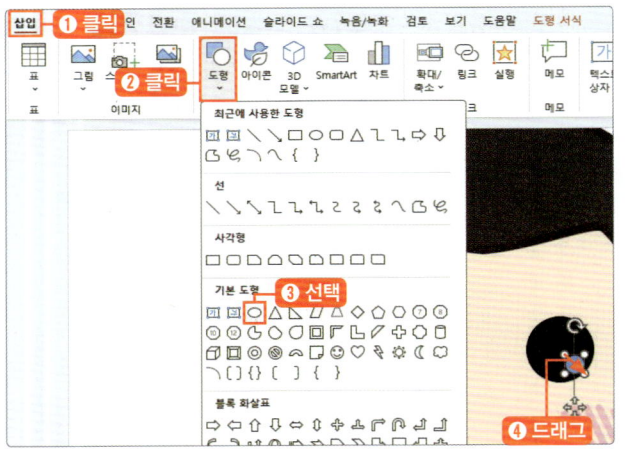 

3. 그림과 같이 두 개의 도형을 드래그하여 모두 선택한 후, 그룹을 클릭해요.
   ➡ 도형 선택-마우스 오른쪽 단추-[그룹화]-[그룹(🔲)]

  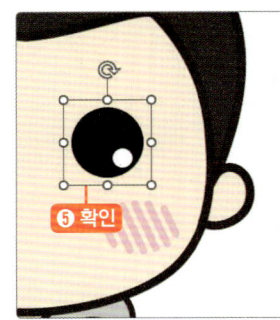

02 깜찍한 표정의 윙크하는 왼쪽 눈 만들기

1. [도형]에서 [달(☾)]을 선택하여 삽입해요.
   ➡ [삽입]-[일러스트레이션]-[도형(🔲)]-[기본 도형]

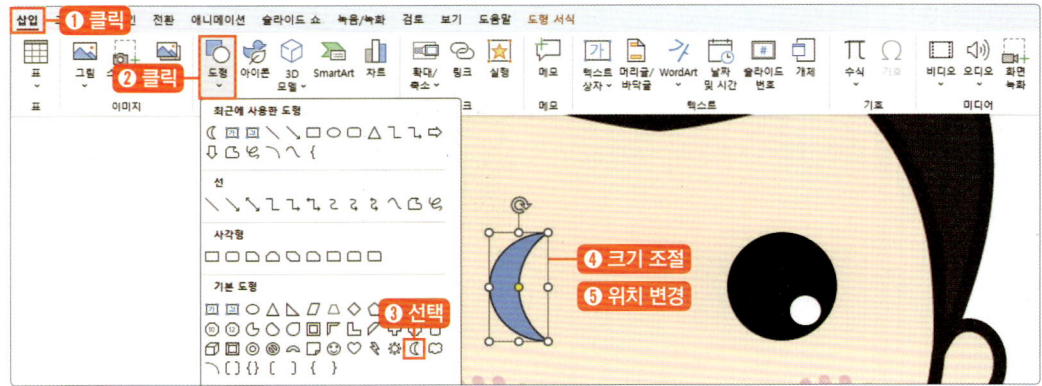

054 돌아온 꿈트리_파워포인트 2021

2 [회전]에서 [오른쪽으로 90도 회전]을 클릭해요.
➡ [도형 서식]-[정렬]-[회전( )]

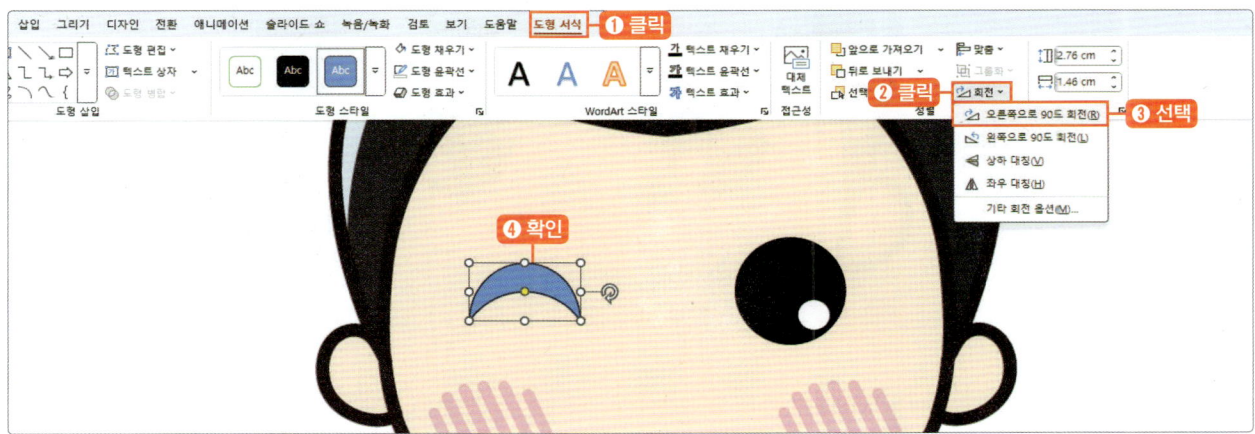

3 도형 서식을 변경해요.
➡ [도형 서식]-[도형 채우기]-'검정, 텍스트 1', [도형 윤곽선]-'윤곽선 없음'

 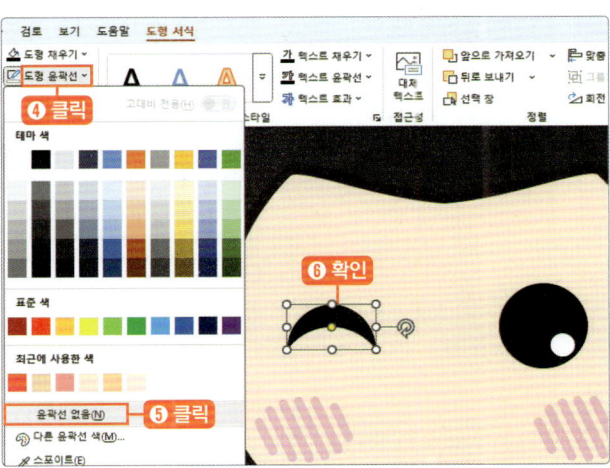

03 오른쪽 눈 복사해서 윙크하는 눈 만들기

1 Ctrl + Shift 키를 누른 채 그룹으로 지정된 오른쪽 눈을 왼쪽으로 드래그하여 복사해요.

Ctrl + Shift 키를 누른 채 드래그하면 도형을 반듯하게 복사할 수 있어요.

CHAPTER 09 윙크하는 캐릭터 만들기 **055**

2 복사된 왼쪽 눈이 선택된 상태에서 [애니메이션 추가]-[추가 강조하기 효과(☆)]를 클릭해요.
➡ [애니메이션]-[고급 애니메이션]-[애니메이션 추가(☆)]-[이동 경로]-'추가 강조하기 효과'

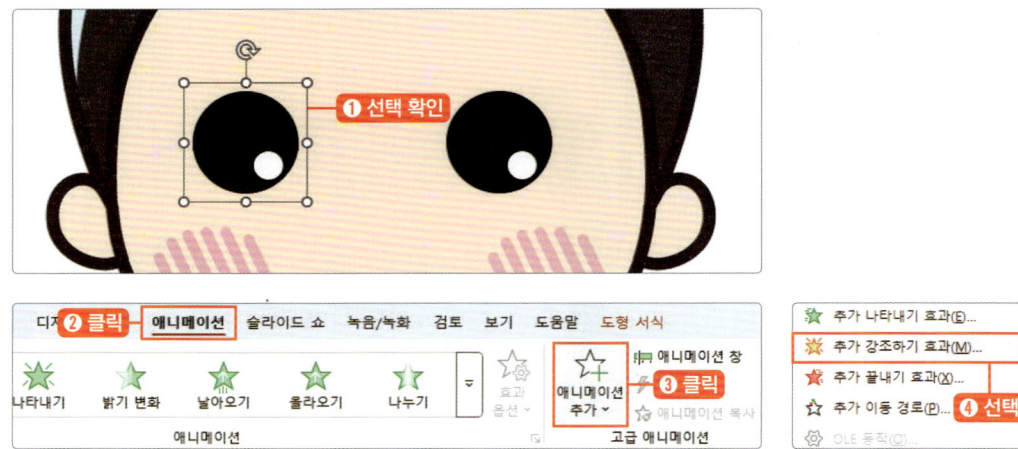

3 이어서, [화려한 효과]에서 '깜박이기(☆)'를 선택한 후, <확인> 단추를 클릭해요.

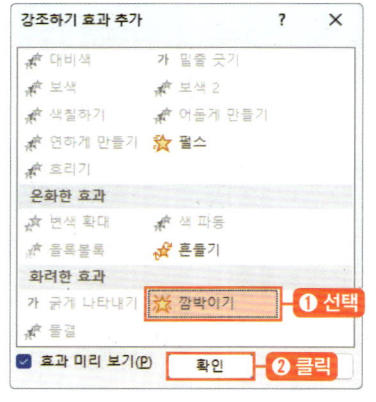 

4 [애니메이션 창]을 클릭해요. 이어서, 오른쪽 작업 창이 나오면 적용된 애니메이션을 더블 클릭한 후, 타이밍을 변경해요.
➡ [애니메이션]-[고급 애니메이션]-[애니메이션 창(▦)]

① 시작 : 이전 효과와 함께   ② 반복 : 슬라이드가 끝날 때까지

5 │ 여러 가지 도형을 이용하여 얼굴을 완성한 후, F5 키를 눌러 적용된 애니메이션을 확인해요.

입을 그릴 때는 [도형()]-[기본 도형]에서 [달()]을 사용했어요. 도형을 회전시킨 후, 보이는 노란색 조절점()을 위쪽으로 드래그 하면 도형의 모양을 변형할 수 있답니다.

Esc 키를 누르면 [슬라이드 쇼]를 종료할 수 있어요.

CHAPTER 09 혼자서 뚝 딱 뚝 딱

📁 불러올 파일 : 없음   💾 완성된 파일 : 9일차_연습(완성).pptx   ☐ 지금하기 ☐ 나중에 하기

① 새 프레젠테이션을 열어 아래 그림과 같이 작품을 완성해보세요.

1. 사용한 도형 : [부분 원형()], [타원()], [하트()]
   ➡ [삽입]-[일러스트레이션]-[도형()]-[기본 도형]

2. **작업 순서**
   입을 벌린 팩맨을 작업한 후, 그룹으로 지정 → 회전점() → [하트()] 삽입 → 그룹으로 지정된 입을 벌린 팩맨을 복사 → 복사된 팩맨의 얼굴을 빠르게 세 번 클릭 → 위쪽 노란색 조절점()을 오른쪽 아래로 드래그 → Esc 키를 눌러 모든 선택 해제 → 입을 벌린 팩맨 앞쪽으로 드래그 → 입을 다문 팩맨에 애니메이션 적용(깜박이기)
   ➡ [애니메이션]-[고급 애니메이션]-[애니메이션 추가()], [애니메이션 창()]

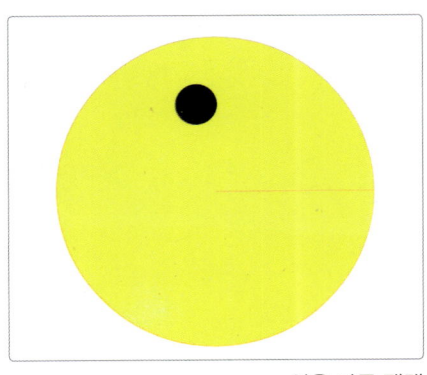

▲ 입을 벌린 팩맨   ▲ 입을 다문 팩맨

CHAPTER 09 윙크하는 캐릭터 만들기   057

CHAPTER 10 다람쥐 동시 꾸미기

학습목표
- 텍스트에 여러 가지 글꼴 서식을 지정해요.
- 입력된 텍스트의 정렬을 변경해요.
- 슬라이드 배경에 이미지를 채운 후, 투명도를 적용해요.

 배울 내용 미리보기!

📂 불러올 파일 : 10일차.pptx   📄 완성된 파일 : 10일차(완성).pptx

다람 다람 다람쥐

다람 다람 다람쥐 알밤 줍는 다람쥐
보름 보름 달밤에 알밤 줍는 다람쥐
알밤인가 하고 조약돌도 줍고
알밤인가 하고 솔방울도 줍고

시인 : 박목월

 창의력 뿜뿜

■ 가로·세로 낱말 퍼즐을 풀어보세요.

문제

① 오늘 배울 동시의 주인공
② 공룡이 살던 시대로 쥐라 산맥에서 유래된 명칭
③ 테니스, 배드민턴, 탁구 등의 스포츠에서 공을 치는 기구
④ 비가 그친 뒤 나타나는 일곱 빛깔의 줄
⑤ 봄에 피는 노란색 꽃
⑥ 여름에 갑자기 세차게 내리는 비
⑦ 목이 아주 긴 동물
⑧ 중국요리 중 하나
⑨ 배 안의 선원들을 책임지고 통솔 하는 최고 책임자
⑩ 수염을 깎을 때 이용하는 도구

---

01 나만의 특별한 제목 만들기

1 '10일차.pptx'를 불러온 후, 제목을 입력하고 블록으로 지정해요.
➡ [파일]-[열기]-[찾아보기]-[10일차]

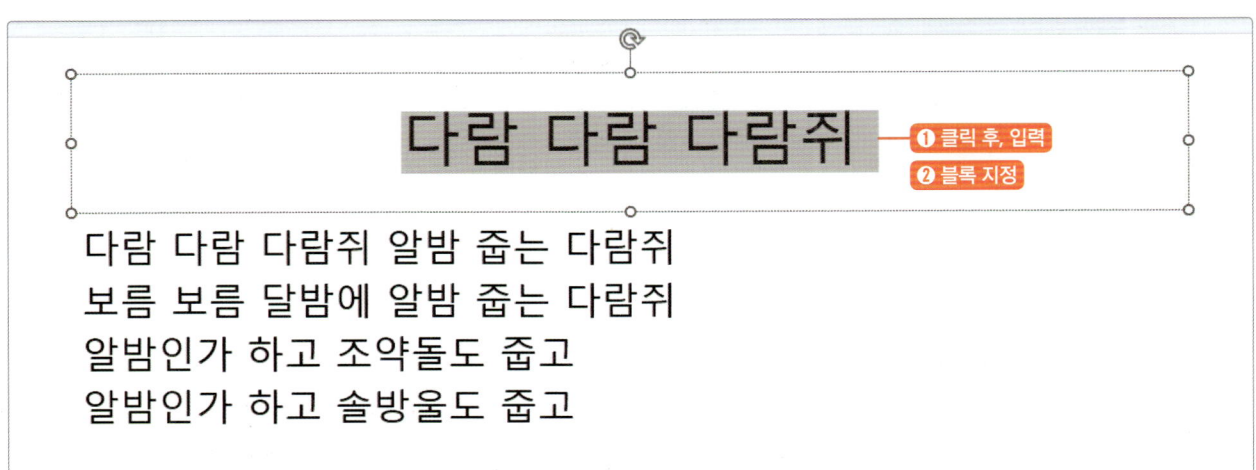

2 원하는 색상(검정, 텍스트 1)으로 변경한 후, 두께(3pt)를 지정해요.
➡ [도형 서식]-[WordArt 스타일]-[텍스트 윤곽선]-'검정, 텍스트 1', [두께(▤)]-'3pt'

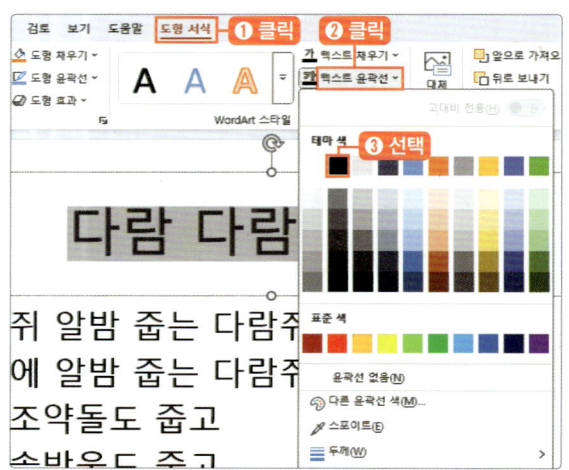
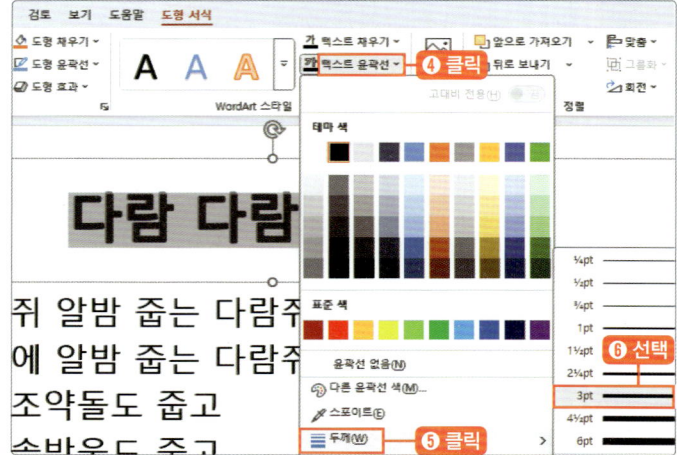

3 그림을 참고하여 글꼴 서식을 변경해요.
➡ [홈]-[글꼴]-'글꼴(휴먼모음T)', '글꼴 크기(80pt)', '굵게(가)' 지정

글꼴 서식을 변경할 때는 변경하려는 텍스트를 블록으로 지정하거나, 텍스트 상자의 테두리를 선택한 후, 작업해요.

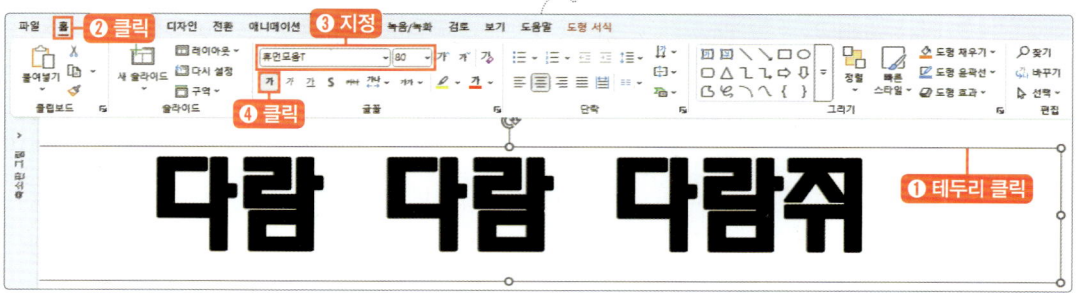

4 그림을 참고하여 원하는 글꼴 색상(노랑)을 선택해요.
➡ [홈]-[글꼴]-'글꼴 색(노랑)'

특정 단어를 블록으로 지정한 후, 작업하면 해당 단어만 색상을 다르게 지정할 수 있어요.

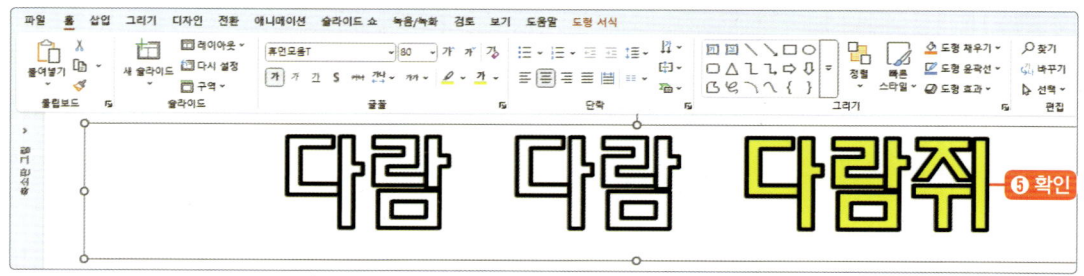

02 나만의 예쁜 동시 만들기

1 내용 텍스트 상자의 테두리를 선택한 후, 원하는 색상(검정, 텍스트 1)을 선택해요.
➥ [도형 서식]-[WordArt 스타일]-[텍스트 윤곽선]-'검정, 텍스트 1'

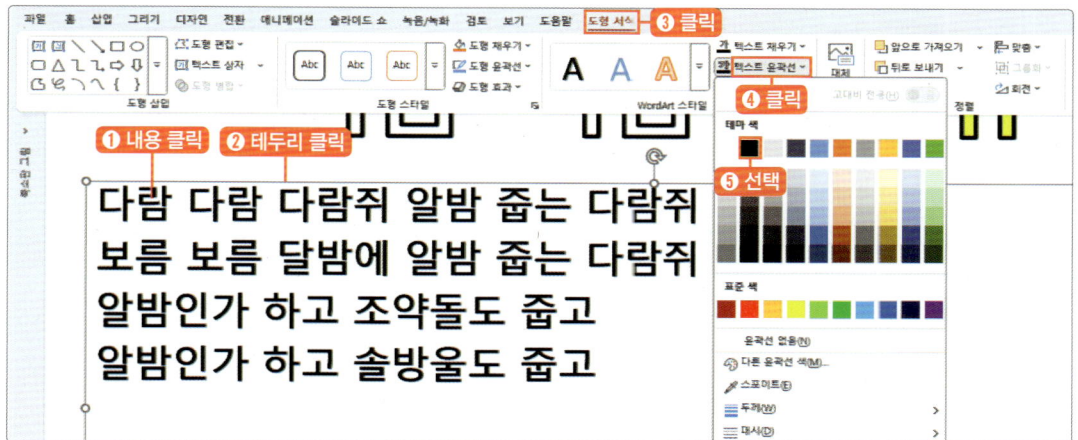

힌트 | 글꼴 서식을 변경하기 전에 꼭 기억하세요!

글꼴 서식을 변경하기 위해 텍스트를 선택할 때는 해당 내용을 블록으로 지정하거나 텍스트 상자의 테두리를 클릭한 후, 작업하도록 해요.

2 그림을 참고하여 원하는 글꼴 서식을 지정해요.
➥ [홈]-[글꼴]-'글꼴 색(노랑, 주황)', '글꼴 크기(48)'

힌트 | 떨어져 있는 단어를 한 번에 블록으로 지정하기

- **Ctrl** 키를 누른 채 원하는 단어를 각각 드래그하여 블록으로 지정하면 한 번에 서식을 변경할 수 있습니다.
- 블록을 해제하기 위해서는 **Esc** 키를 누릅니다.

3 내용 텍스트 상자의 테두리를 클릭한 후, '가운데 맞춤()'과 [텍스트 맞춤()]에서 '중간'을 선택해요.
➡ [홈]-[단락]

03 귀여운 다람쥐 배경 넣기

1 슬라이드의 빈 곳 위에서 마우스 오른쪽 단추를 눌러 [배경 서식]을 클릭해요.

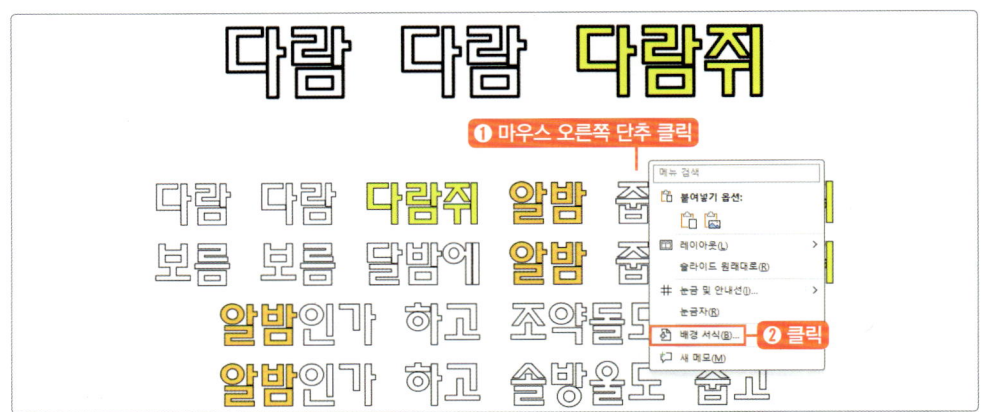

2 오른쪽 작업 창이 나오면 [10일차]에서 '다람쥐배경' 파일을 삽입한 후, 투명도(50%)를 지정해요.
➡ [배경 서식]-[그림 또는 질감 채우기]-[삽입]-[10일차]-'다람쥐배경'
➡ [배경 서식]-[그림 또는 질감 채우기]-'투명도(50%)'

투명도의 숫자가 높아질수록 배경에 삽입된 그림이 투명해져요!

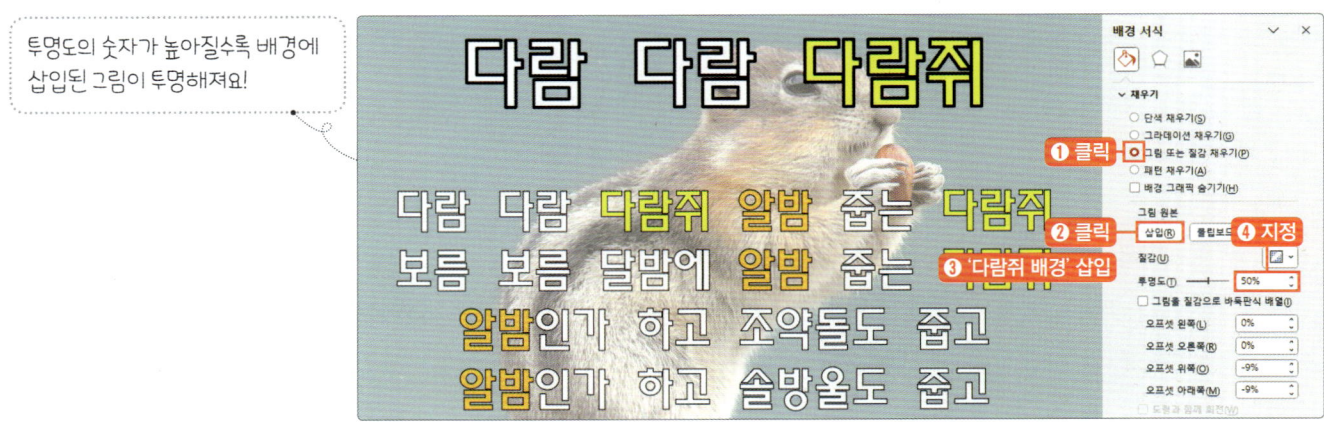

불러올 파일 : 10일차_연습.pptx　　**완성된 파일** : 10일차_연습(완성).pptx　　☐ 지금하기　☐ 나중에 하기

1 10일차_연습.pptx 파일을 열어 아래 그림과 같이 작품을 완성해보세요.

1. 제목을 입력한 후, 제목의 글꼴 서식을 변경해요.

2. 내용의 글꼴 서식을 변경한 후, 가운데(중간)로 정렬해요.
   ➡ 글꼴(휴먼옛체), 글꼴 크기(72, 40), 텍스트 채우기(노랑, 주황), 텍스트 윤곽선(검정, 텍스트 1)

3. [10일차]에서 '호박꽃배경' 이미지를 이용하여 배경을 지정해요.
   ➡ [배경 서식]-[그림 또는 질감 채우기]-[삽입]-[10일차]-'호박꽃배경'

4. 내용이 입력된 텍스트 상자에 색상을 채운 후, 투명도를 지정해요.

힌트　텍스트 상자에 투명도를 지정하는 방법

- 내용이 입력된 텍스트 상자 안에서 마우스 오른쪽 단추를 눌러 [도형 서식]을 클릭해요.
- 작업 창에서 [채우기]-'단색 채우기'를 클릭한 후, 원하는 색상을 선택하여 '투명도'를 적당하게 조절해요.

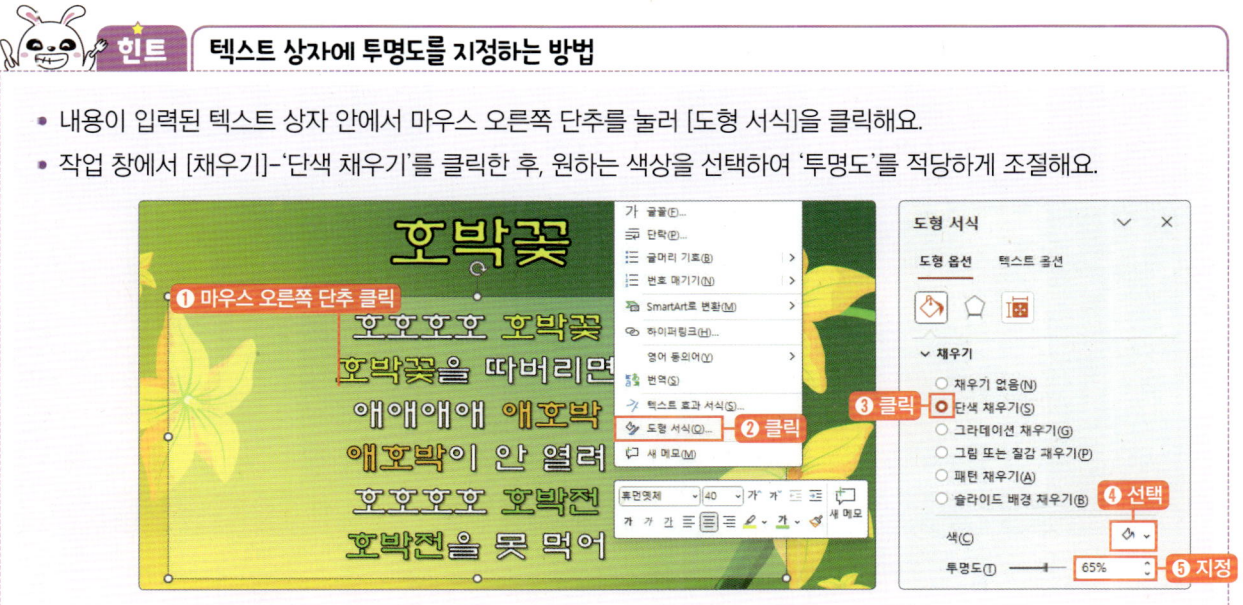

CHAPTER 10 다람쥐 동시 꾸미기　**063**

CHAPTER 11 일러스트 앨범 만들기

학습목표
- 텍스트의 정렬을 변경해요.
- 그림에 여러 가지 스타일을 적용하여 꾸며보아요.

 불러올 파일 : 11일차.pptx 　완성된 파일 : 11일차(완성).pptx

1. 추억이 있는 장소나 상황은 오랫동안 기억하고 싶어져요. 기억하고 싶은 순간을 사진으로 남겨 앨범으로 간직한다면 보고 싶을 때마다 꺼내어 볼 수 있지요!

   ▶ 나만의 앨범에 넣고 싶은 소중한 순간을 생각해 본 후, 당시 상황을 적어보세요.

   > 예) 강아지와 함께 바다에 놀러 갔었는데 수영을 잘해서 깜짝 놀랐어요.

2. 그림에 숨어 있는 물건들을 찾아보세요.

   ▶ ☐시계 ☐연필 ☐책 ☐농구공 ☐음표 ☐오리 ☐공룡 ☐고추

01 글자 위치 바꾸고 도형 복사하기!

1 '11일차.pptx'를 불러온 후, 슬라이드의 빈 곳 위에서 마우스 오른쪽 단추를 눌러 [배경 서식]을 클릭해요.
➡ [파일]-[열기]-[찾아보기]-[11일차]

2 오른쪽 작업 창이 나오면 [그림 또는 질감 채우기]에서 원하는 질감(월넛)을 선택해요.

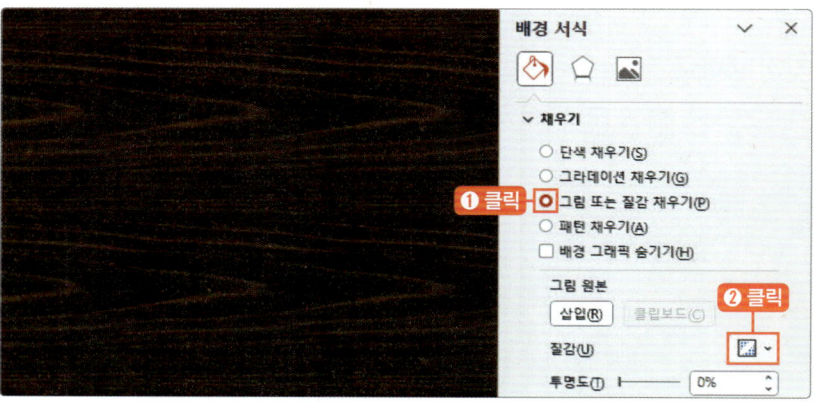 

3 삽입된 도형을 선택한 후, 원하는 글꼴(휴먼옛체)을 선택해요. 이어서, 텍스트 맞춤(아래쪽)을 선택해요.
➡ [홈]-[글꼴]-'휴먼옛체'   ➡ [홈]-[단락]-[텍스트 맞춤(◻)]-'아래쪽'

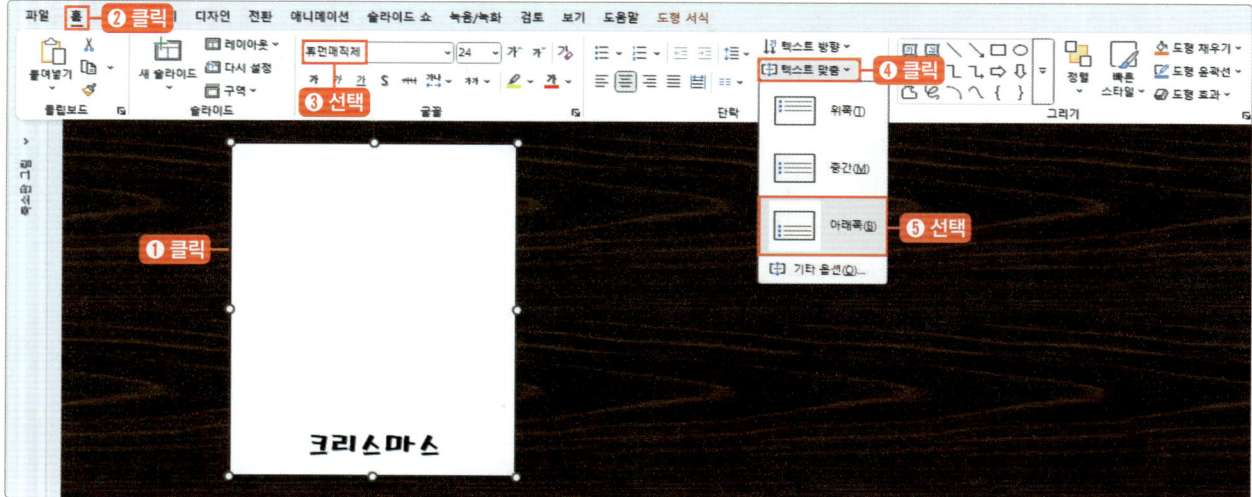

> **힌트** [단락] 그룹 더 알아보기!
>
> ① 가로 맞춤(가로 정렬) : 글자를 왼쪽, 가운데, 오른쪽, 양쪽으로 맞춰요.
> ② 텍스트 맞춤(세로 정렬) : 글자를 위쪽, 중간, 아래쪽으로 맞춰요.
> ③ 텍스트 방향 : 글자의 입력 방향을 가로 또는 세로로 바꾸거나, 회전시킬 수 있어요.

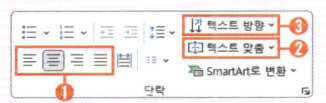

4 **Ctrl** + **Shift** 키를 누른 채 도형을 드래그하여 아래 그림과 같이 복사해요.

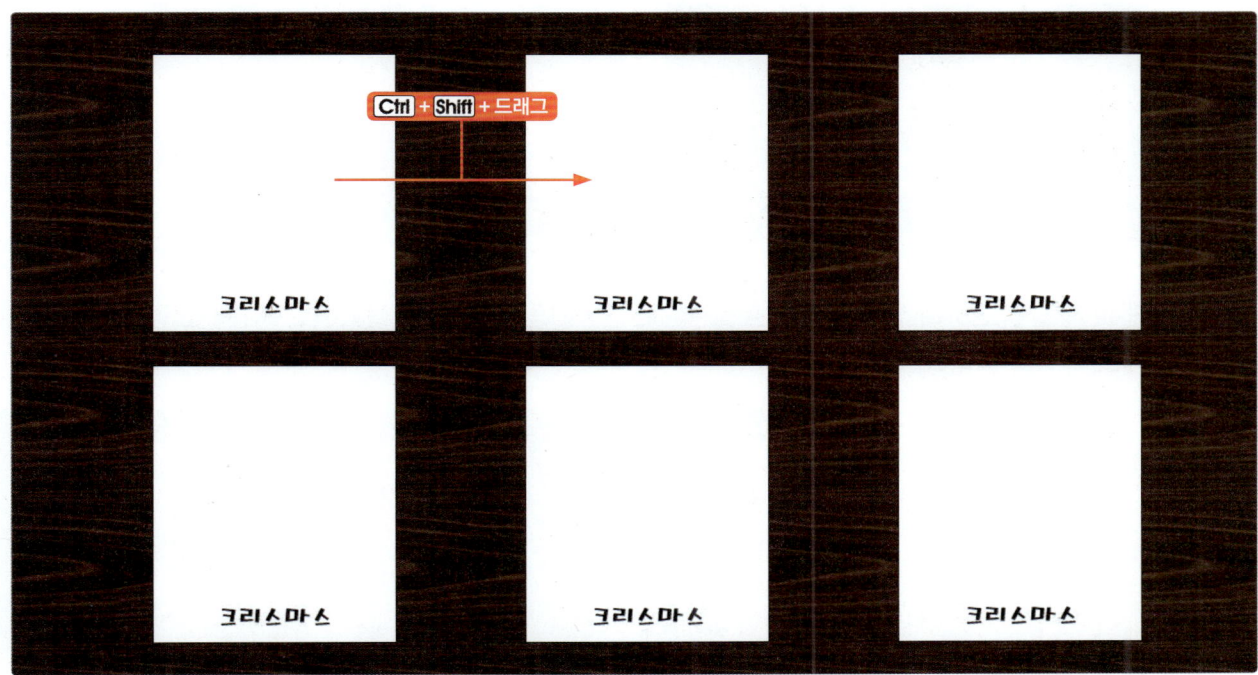

02 나만의 스타일로 예쁜 앨범 만들기

1 [11일차]에서 '일러스트1'을 선택하여 삽입해요.

➡ [삽입]-[이미지]-[그림(🖼)]-[이 디바이스(🖼)]-[11일차]-'일러스트1'

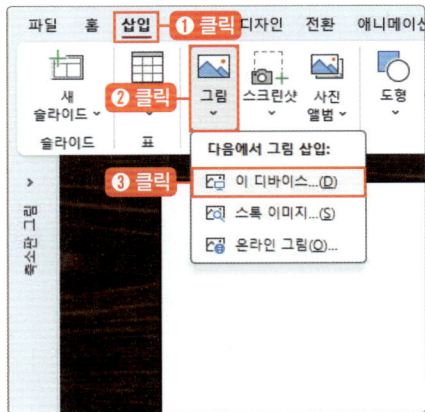

CHAPTER 011 일러스트 앨범 만들기 **067**

2 그림의 위치를 아래와 같이 변경한 후, [그림 스타일]에서 원하는 스타일을 선택해요.
➡ [그림 서식]-[그림 스타일]-자세히 단추( )-'단순형 프레임, 검정'

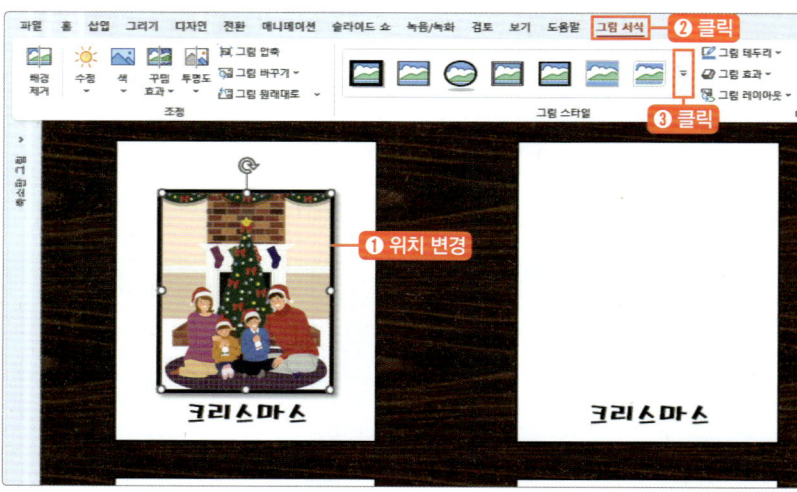
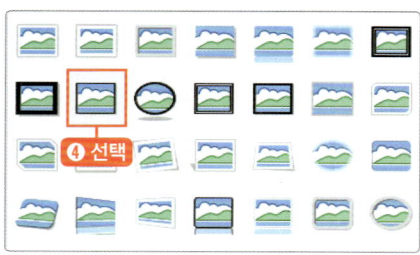

3 아래 그림을 참고하여 입력된 텍스트를 수정하고, 알맞은 그림을 삽입해요. 이어서, 각각의 그림에 여러 가지 스타일을 적용해요.

'크리스마스' 텍스트를 블록으로 지정한 후, 새로운 내용을 입력하세요.

4 [11일차]에서 '집게'를 선택하여 삽입해요.
➡ [삽입]-[이미지]-[그림( )]-[이 디바이스( )]-[11일차]-'집게'

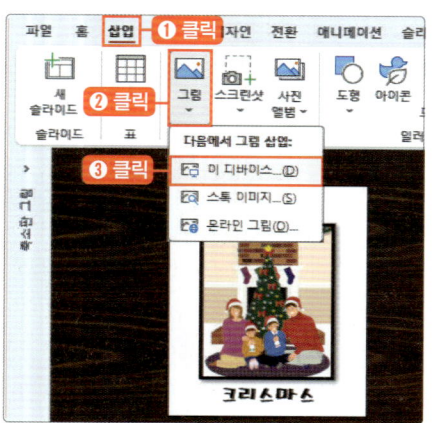

5 같은 방법으로 아래 그림을 참고하여 작품을 완성해요.

CHAPTER 11 혼자서 뚝딱 뚝딱

□ 지금하기 □ 나중에 하기

1 11일차_연습.pptx 파일을 열어 아래 그림과 같이 작품을 완성해보세요.

1 슬라이드 배경에 원하는 질감(작은 물방울)을 채웁니다.
➡ 슬라이드-마우스 오른쪽 단추-[배경 서식]-[그림 또는 질감 채우기]-[질감]-'작은 물방울'

2 삽입된 도형을 선택한 후, [텍스트 방향]을 '세로', [텍스트 맞춤]을 '오른쪽'으로 지정해요.
➡ [홈]-[단락]

3 도형을 복사한 후, 내용을 수정하고, 알맞은 그림을 삽입해요.

4 그림에 여러 가지 스타일을 적용해요.   그림 테두리의 색상은 [그림 서식]-[그림 스타일]-[그림 테두리]에서 변경할 수 있어요.

CHAPTER 12 우쿨렐레 만들기

학습목표

- 도형 병합(통합) 기능을 이용해서 새로운 도형을 만들어요.
- 개체를 그룹으로 지정한 후, 복사해요.
- 도형을 패턴으로 채워봐요.

배울 내용 미리보기!

📁 불러올 파일 : 없음   💾 완성된 파일 : 12일차(완성).pptx

파워포인트에 눈사람처럼 생긴 도형이 있었나?

타원 2개를 겹치면 되겠지?

그런데 이 도형은 가운데 선이 없잖아!

허허. 파워포인트에서는 도형을 합쳐서 새로운 모양을 만들 수 있는데, 이것을 '도형 병합' 이라고 한답니다.

헐.. 진짜 그러네! 이건 어떻게 만들지?

■ '병합(통합)'이란 두 개 이상의 모양을 하나의 개체로 합치는 것을 뜻하며 다양한 도형을 병합하여 새로운 모양의 도형을 만들 수도 있답니다. 아래 그림은 하트 4개와 곡선을 병합하여 네 잎 클로버를 만든 것이에요. 연필을 떼지 않고 한 번에 네 잎 클로버를 그려볼까요?

♥ 따라서 그려보세요~

01 슬라이드에 예쁜 그림 채우기

1 새 프레젠테이션을 열어 슬라이드 레이아웃을 [빈 화면]으로 변경해요.
➡ 슬라이드-마우스 오른쪽 단추-[레이아웃]

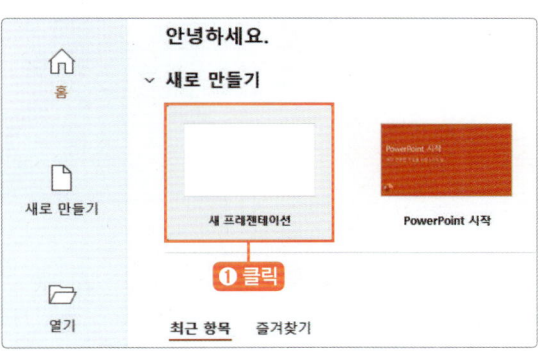 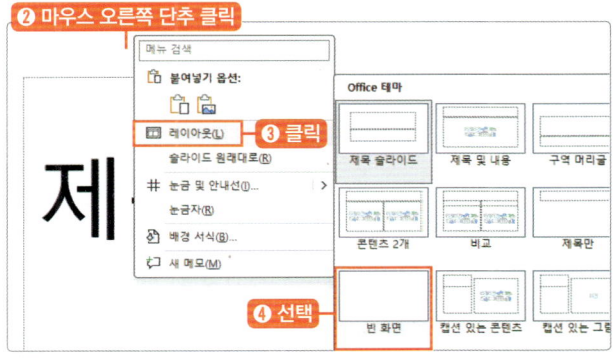

2 [배경 서식]에 [그림 또는 질감 채우기]를 클릭한 후, '우쿨렐레배경'을 삽입해요
➡ 슬라이드-마우스 오른쪽 단추-[배경 서식]-[그림 또는 질감 채우기]-[삽입]-[12일차]-'우쿨렐레배경'

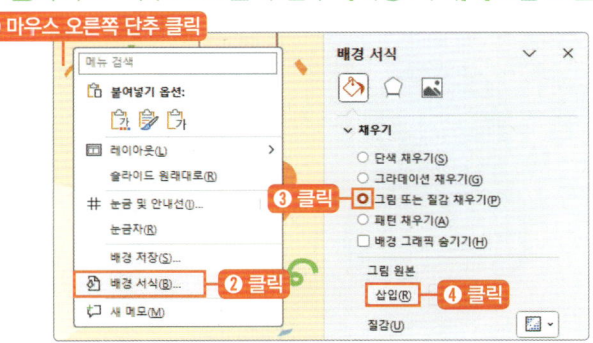 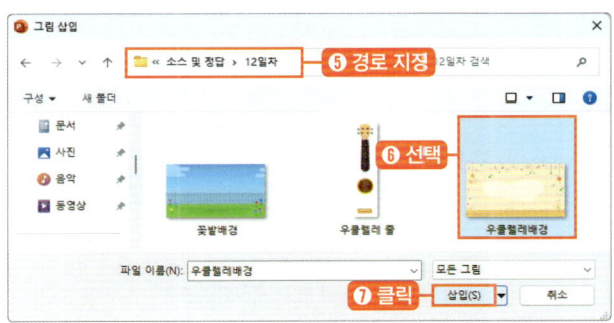

02 두 개의 도형을 합쳐서 새로운 도형 만들기

1 [도형]에서 [타원(○)]을 클릭하여 그림과 같이 삽입해요.
➡ [삽입]-[일러스트레이션]-[도형(○)]-[기본 도형]

> Shift 키를 누른 채 도형을 삽입하면 가로·세로 비율이 똑같은 도형을 그릴 수 있어요.

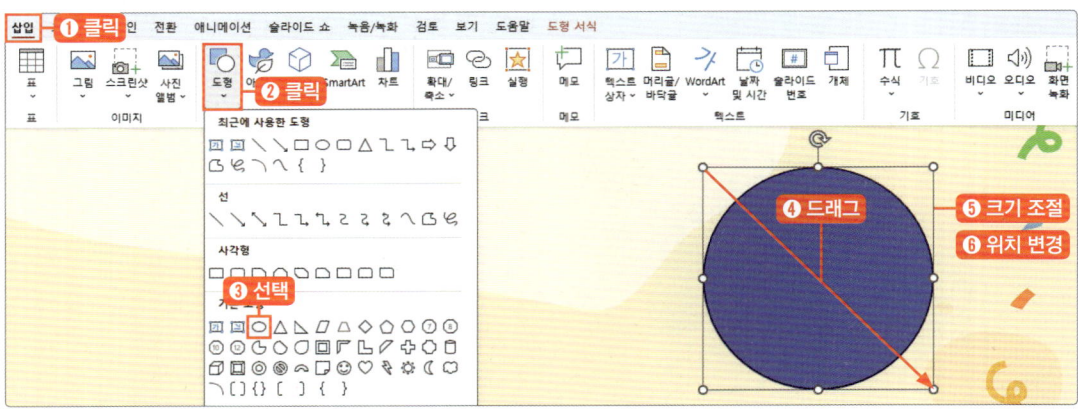

2 같은 방법으로 '타원'을 한 개 더 삽입한 후, 그림과 같이 크기와 위치를 변경해요.
➡ [삽입]-[일러스트레이션]-[도형(○)]-[기본 도형]

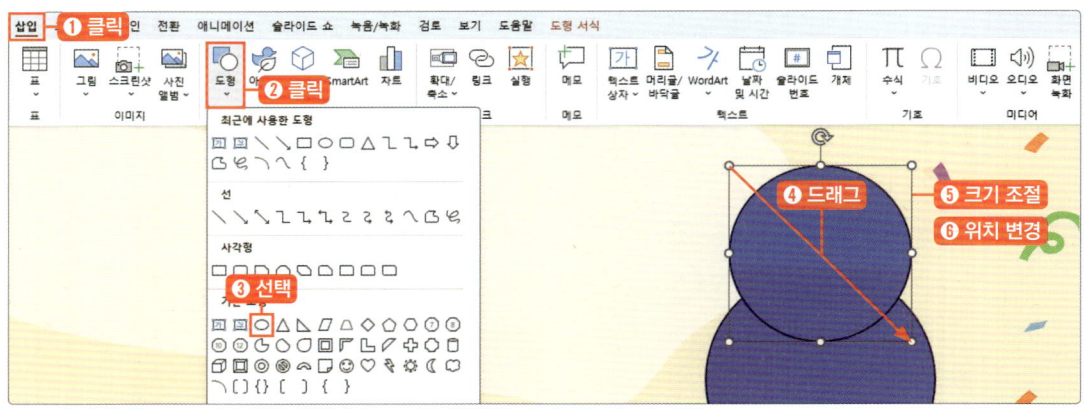

3 그림과 같이 드래그하여 도형을 선택한 후, [도형 병합]에서 [통합]을 클릭해요.
➡ [도형 서식]-[도형 삽입]-[도형 병합(○)]-[통합(○)]

> Ctrl + A 키를 눌러 슬라이드에 삽입된 모든 도형을 한 번에 선택할 수도 있어요.

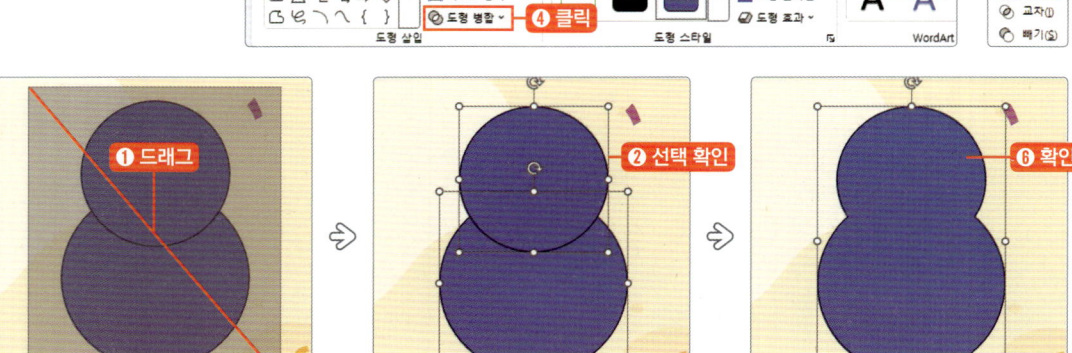

4 [그림]에서 '우쿨렐레 줄' 이미지를 선택하여 삽입해요.

➡ [삽입]-[이미지]-[그림( )]-[이 디바이스( )]-[12일차]-'우쿨렐레 줄'

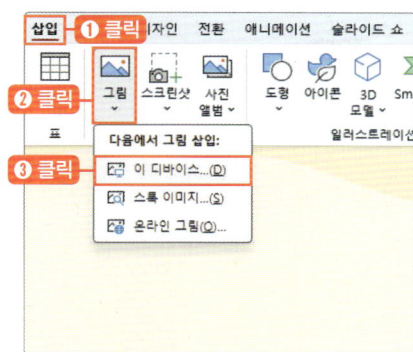 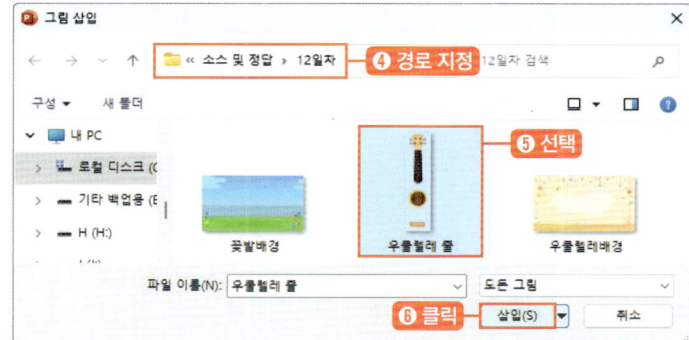

5 아래 그림을 참고하여 우쿨렐레 줄의 크기와 병합된 도형의 크기를 적당하게 조절한 후, 위치를 변경해요.

03 여러 도형을 한데 모아 알록달록한 새 옷 입히기

1 Ctrl + A 키를 눌러 모든 개체를 선택한 후, 마우스 오른쪽 단추를 눌러 [그룹]을 선택해요.

➡ 모든 개체 선택(Ctrl + A)-마우스 오른쪽 단추-[그룹화]-[그룹( )]

CHAPTER 12 우쿨렐레 만들기 **073**

2. 그룹으로 지정된 우쿨렐레의 몸통을 빠르게 세 번 클릭한 후, 마우스 오른쪽 단추를 눌러 [도형 서식]을 선택해요.

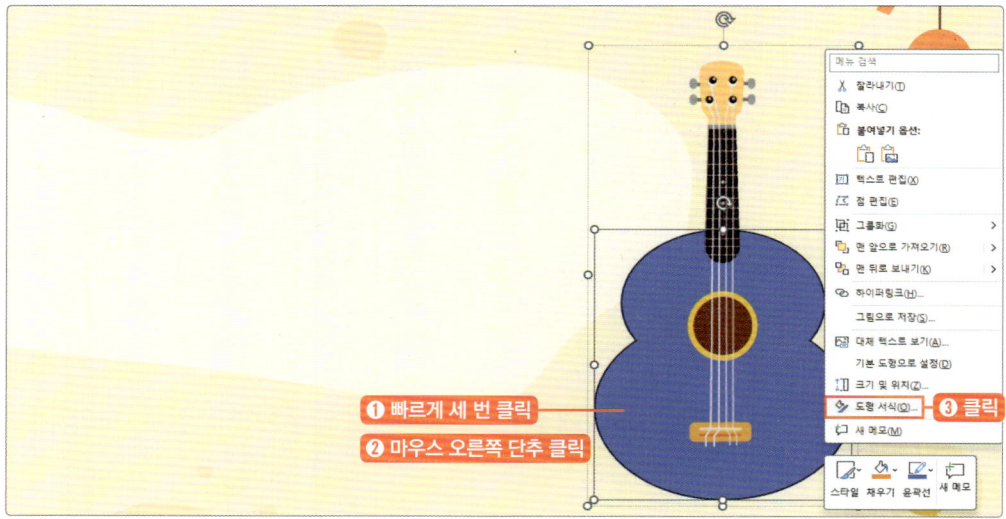

3. 오른쪽 작업 창이 나오면 [패턴 채우기]에서 원하는 '전경색(주황, 강조 2, 50% 더 어둡게)'과 '패턴(점선: 90%)'을 선택해요.

4. Ctrl + Shift 키를 누른 채 완성된 우쿨렐레를 왼쪽으로 두 개 복사해요.

5 복사-된 '우쿨렐레 몸통'을 빠르게 세 번 클릭한 후, 원하는 방법으로 도형을 채우고 슬라이드를 완성해요.

이전에 배웠던 '질감 채우기'와 '그라데이션 채우기'를 사용해요.

우쿨렐레 크기가 작으면 클릭한 후, 조절점(○)을 드래그하여 크기를 조절해요.

CHAPTER 12 혼자서 뚝딱 뚝딱

📁 불러올 파일 : 없음   📄 완성된 파일 : 12일차_연습(완성).pptx   ☐ 지금하기 ☐ 나중에 하기

1 새 프레젠테이션을 열어 아래 그림과 같이 작품을 완성해보세요.

도형을 그룹으로 지정하지 않은 채 크기를 조절하면 도형이 각각 흩어져 다시 배치하는 번거로움이 생겨요. 하나의 꽃이 완성되면 그룹으로 지정한 후, 작업하도록 해요.

1 [12일차]에서 '꽃밭배경' 이미지를 이용하여 배경을 지정해요.
➡ 슬라이드-마우스 오른쪽 단추-[배경 서식]-[그림 또는 질감 채우기]-[삽입]-[12일차]-'꽃밭배경'

2 [하트(♡)] 4개를 삽입한 후, [통합]하여 꽃잎을 작업해요.
➡ [삽입]-[일러스트레이션]-[도형]-[기본 도형]   ➡ [도형 서식]-[도형 삽입]-[도형 병합(◉)]-[통합(◉)]

3 **꽃잎 외 사용한 도형** : [순서도: 가산 접합(⊗)], [이등변 삼각형(△)]
➡ [삽입]-[일러스트레이션]-[도형]-[순서도] / [기본 도형]

CHAPTER 12 우쿨렐레 만들기 **075**

CHAPTER 13
꿀벌이 집 찾아주기

학습목표
- 도형을 삽입한 후, 사용자 지정 경로 애니메이션을 적용해요.
- 애니메이션의 타이밍을 지정하여 애니메이션이 적용된 슬라이드를 완성해요.

 **배울 내용 미리보기!**

📂 불러올 파일 : 13일차.pptx　　📄 완성된 파일 : 13일차(완성).pptx

■ 작은 숫자부터 큰 숫자까지 세어가며 순서대로 점을 이어보세요.

01 날아가는 '꿀벌이' 만들기

1 '13일차.pptx'를 불러온 후, [그림]에서 '꿀벌이' 이미지를 삽입해요.
➡ [파일]-[열기]-[찾아보기]-[13일차]
➡ [삽입]-[이미지]-[그림( )]-[이 디바이스( )]-[13일차]-'꿀벌이'

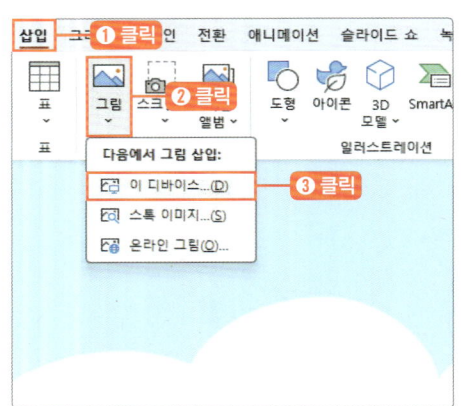

2 [회전]에서 [좌우 대칭]을 선택한 후, 그림과 같이 위치를 변경해요.
➡ [그림 서식]-[정렬]-[회전( )]-[좌우 대칭( )]

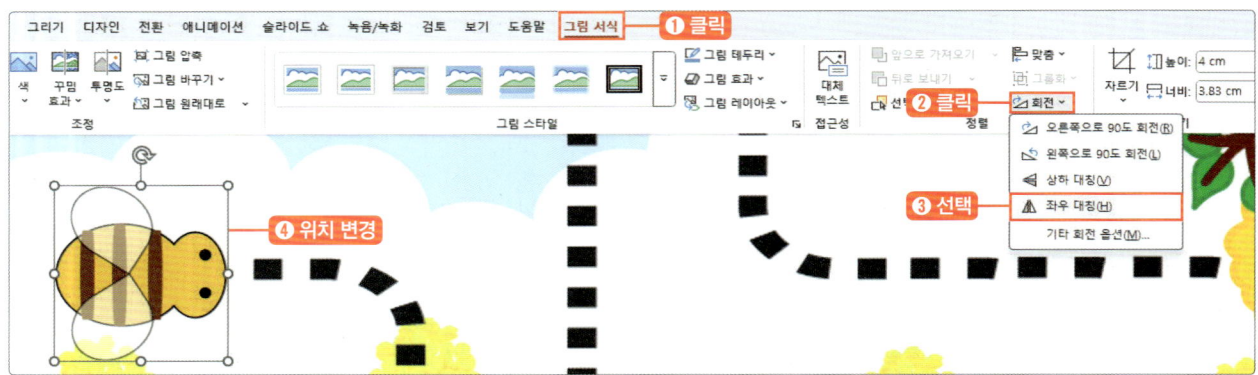

3 그림을 선택하고 [애니메이션 추가]에서 [사용자 지정 경로]를 클릭해요.
➡ [애니메이션]-[고급 애니메이션]-[애니메이션 추가( )]-[이동 경로]-[사용자 지정 경로( )]

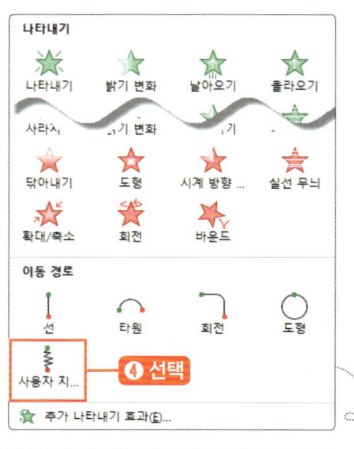

애니메이션 추가를 눌렀을 때 '사용자 지정 경로( )'가 보이지 않는다면 스크롤 바를 내려보세요.

078 돌아온 꿈트리_파워포인트 2021

4 마우스 포인터가 '+' 모양으로 변경되면 점선을 따라 드래그해요. ······ 경로가 끝나는 부분에서 더블 클릭해요.

힌트 | 애니메이션 경로 삭제

잘못 그려진 애니메이션의 경로를 클릭한 후, Delete 키를 누르면 삭제돼요.

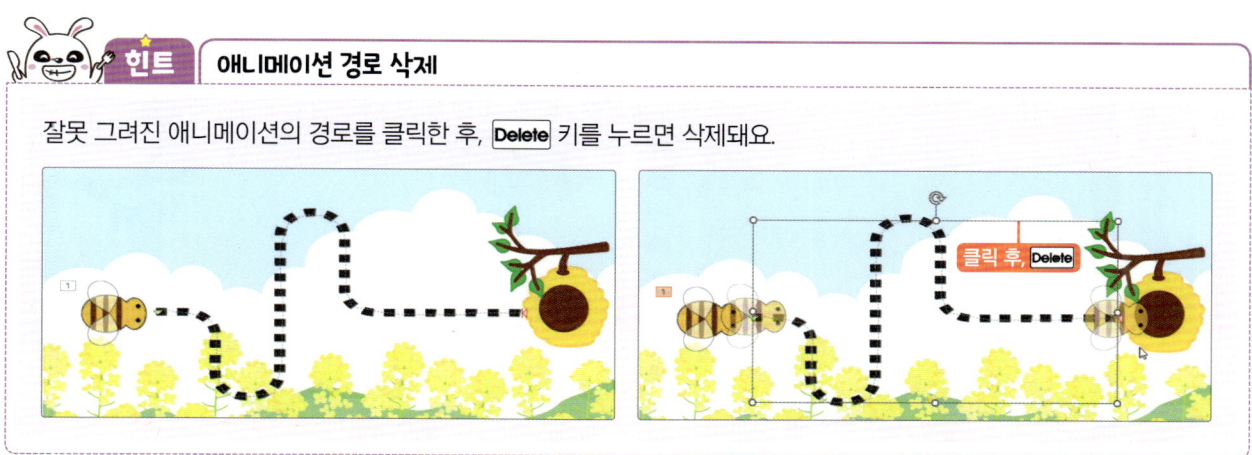

02 '꿀벌이'에게 시간표 만들어 주기

1 [애니메이션 창()]을 클릭해요.

➡ [애니메이션]-[고급 애니메이션]-[애니메이션 창()]

CHAPTER 13 꿀벌이 집 찾아주기 **079**

2. 오른쪽 작업 창이 나오면 적용된 애니메이션을 더블 클릭한 후, [타이밍] 탭을 선택하여 다음과 같이 변경해요.

① **시작** : 이전 효과와 함께　② **재생시간** : 3초(느리게)　③ **반복** : 슬라이드가 끝날 때까지

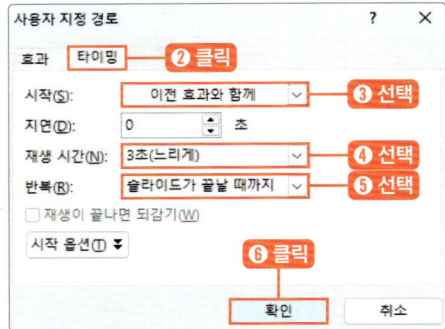

3. F5 키를 눌러 [슬라이드 쇼]를 실행한 후, 애니메이션을 확인해요. · · · Esc 키를 누르면 [슬라이드 쇼]를 종료할 수 있어요.

 **애니메이션 타이밍**

[시작]
- **클릭할 때** : Enter 키 등을 누르거나 화면을 클릭하면 애니메이션이 재생돼요.
- **이전 효과와 함께** : 애니메이션이 자동 재생돼요.
- **이전 효과 다음에** : 두 개 이상의 애니메이션이 적용되었을 때, 먼저 적용된 애니메이션이 끝난 후, 재생돼요.

[지연]
- 애니메이션이 바로 재생되지 않고 설정한 시간이 지난 후, 재생돼요.

[재생 시간]
- 애니메이션의 실행 속도를 지정할 수 있어요.

[반복]
- **2~10(또는 숫자 입력)** : 지정된 횟수 만큼 애니메이션이 반복 재생돼요.
- **다음 클릭할 때까지** : 화면을 클릭할 때까지 애니메이션이 반복 재생돼요.
- **슬라이드가 끝날 때까지** : 해당 슬라이드가 종료되기 전까지 애니메이션이 반복 재생돼요.

📁 불러올 파일 : 없음   📄 완성된 파일 : 13일차_연습(완성).pptx   ☐ 지금하기 ☐ 나중에 하기

1 새 프레젠테이션을 열어 아래 그림과 같이 작품을 완성해보세요.

① [13일차]에서 '농구배경' 이미지를 배경으로 지정해요.
  ➡ 슬라이드-마우스 오른쪽 단추-[배경 서식]-[그림 또는 질감 채우기]-[삽입]-[13일차]-'농구배경'

② [13일차]에서 '골대그물' 이미지를 삽입하여 농구 골대를 완성해요.
  ➡ [삽입]-[이미지]-[그림(🖼)]-[이 디바이스(💻)]-[13일차]-'골대그물'

③ [순서도: 가산 접합(⊗)] 도형을 삽입하여 농구공을 만들어요.   농구공에 [맨 뒤로 보내기(⬛)]를 적용하여 골대그물 뒤쪽으로 위치시킬 수 있어요.
  ➡ [삽입]-[일러스트레이션]-[도형(🔾)]-[순서도]

④ [이동경로]에서 [사용자 지정 경로(✏)]를 이용하여 애니메이션을 적용해요.
  ➡ [애니메이션]-[애니메이션]-[자세히 단추(▼)]-[이동경로]

⑤ 애니메이션의 [타이밍]을 다음과 같이 지정해요.
  ❶ **시작** : 이전 효과와 함께
  ❷ **지연** : 0.5초
  ❸ **재생 시간** : 2초(중간)
  ❹ **반복** : 슬라이드가 끝날 때까지

CHAPTER 14

퍼즐 게임 만들기

학습목표
- 슬라이드에 표를 삽입한 후, 그림을 채워요.
- 그림으로 저장(확장 메타파일) 기능을 이용하여 퍼즐을 만들어요.

 불러올 파일 : 14일차.pptx　　 완성된 파일 : 14일차(완성).pptx

창의력 플러스

■ 빈 곳에 들어갈 퍼즐 조각 2개를 찾아보세요.

---

01 조각조각 퍼즐 칸 만들기

1 '14일차.pptx'를 불러온 후, [표]에서 [표 삽입]을 클릭해요.
➡ [파일]-[열기]-[찾아보기]-[14일차]
➡ [삽입]-[표]-[표 삽입()]

2 열 개수와 행 개수를 '5'로 지정한 후, <확인> 단추를 클릭하여 슬라이드에 삽입된 표를 확인해요.

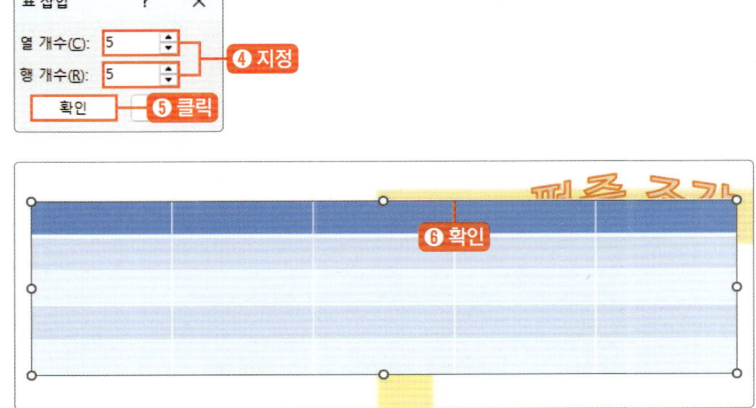

CHAPTER 14 퍼즐 게임 만들기 **083**

3 표의 테두리를 클릭한 후, 높이와 너비를 '3'으로 변경해요. 이어서, 표의 테두리를 선택한 후, 드래그하여 위치를 변경해요.

➤ [표 레이아웃]-[셀 크기]-'높이(3)', '너비(3)'

> 표의 특정 셀에 커서가 위치되면 해당 셀의 크기만 변경되니 유의하세요!

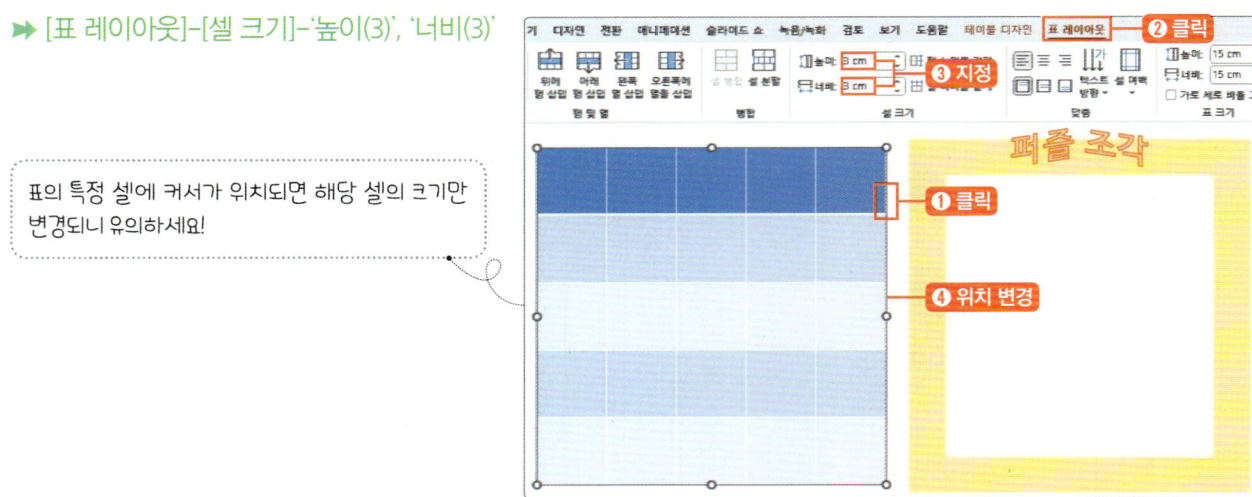

02 퍼즐 칸에 그림 넣고 테두리 꾸미기!

1 표의 테두리 위에서 마우스 오른쪽 단추를 눌러 [도형 서식]을 클릭해요. 이어서, [그림 또는 질감 채우기]를 선택한 후, <삽입> 단추를 클릭해요.

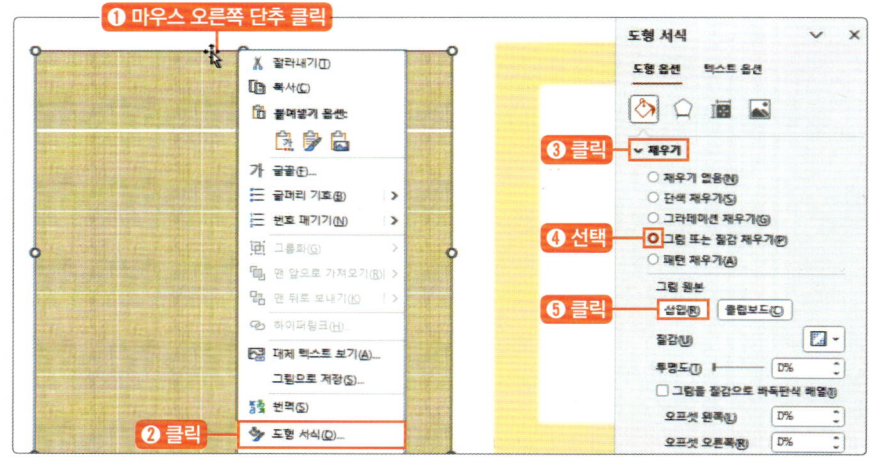

2 [14일차]에서 '그림1'을 선택한 후, <삽입> 단추를 클릭해요.

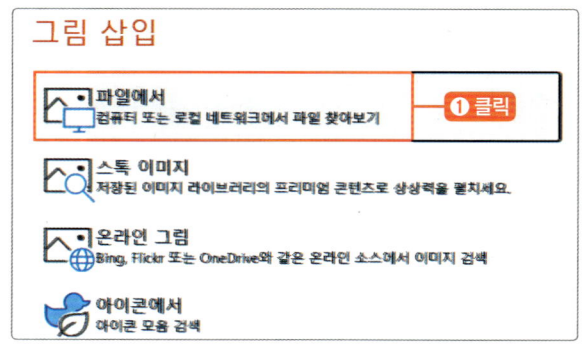

3 오른쪽 작업 창에서 '그림을 질감으로 바둑판식 배열'에 체크한 후, 닫기(X) 단추를 클릭해요.

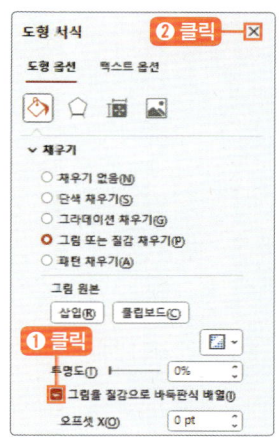  

▲ 그림을 질감으로 바둑판식 배열 전   ▲ 그림을 질감으로 바둑판식 배열 후

4 표의 테두리를 선택하고 [테이블 디자인]에서 [모든 테두리(⊞)]를 클릭해요.
➡ 테두리 선택-[테이블 디자인]-[테두리]

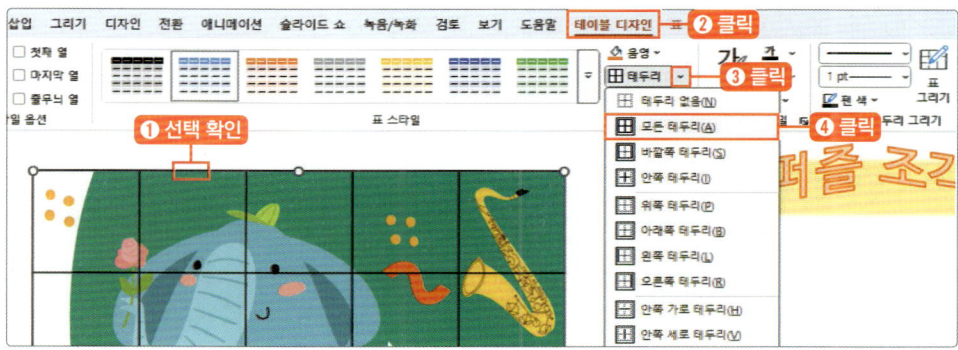

03 나만의 퍼즐 완성하기!

1 표의 테두리가 선택된 상태에서 [복사]를 클릭해요.
➡ [홈]-[클립보드]-[복사()]

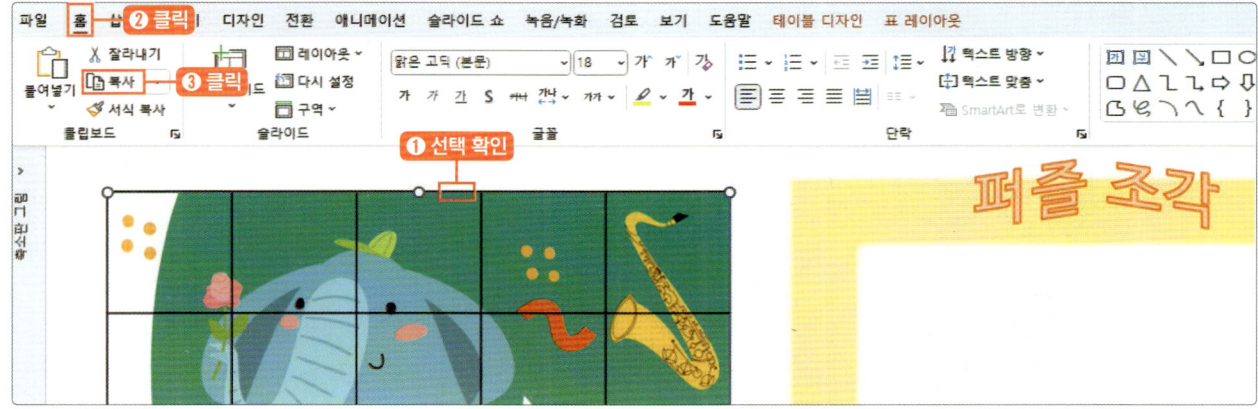

CHAPTER 14 퍼즐 게임 만들기 **085**

2 표의 테두리를 클릭한 후, Delete 키를 눌러 표를 삭제해요.

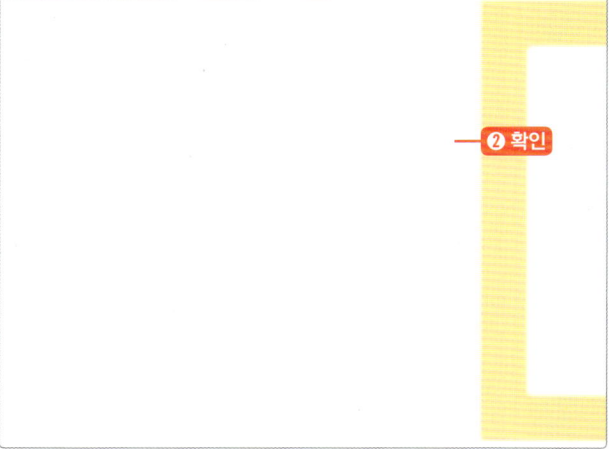

3 [붙여넣기] 옵션(▼)을 클릭해요. 이어서, '선택하여 붙여넣기'를 클릭한 후, '그림(확장 메타파일)' 형식을 선택하고 <확인> 단추를 클릭해요.
➡ [홈]-[클립보드]-[붙여넣기(📋)]-[옵션(▼)]

'선택하여 붙여넣기' 창이 안나오는 경우에는 실행취소 단축키인 Ctrl + Z 키를 눌러 1번부터 다시 작업해요.

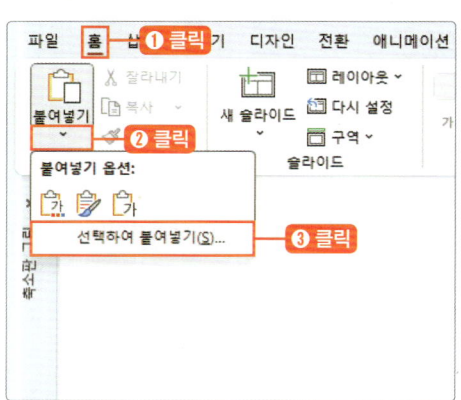
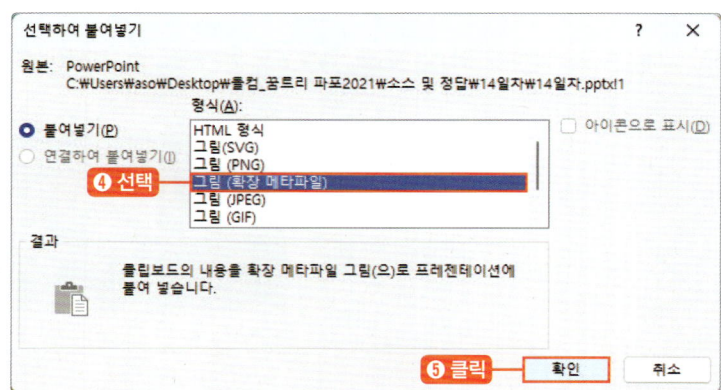

4 삽입된 그림을 기존의 표의 위치로 이동해요.

퍼즐 그림의 크기는 조절하지 않아요!

5 그림 위에서 마우스 오른쪽 단추를 눌러 [그룹 해제]를 클릭하고 경고 메시지가 나오면 <예>를 클릭해요.
➡ 마우스 오른쪽 단추-[그룹화]-[그룹 해제(🔓)]

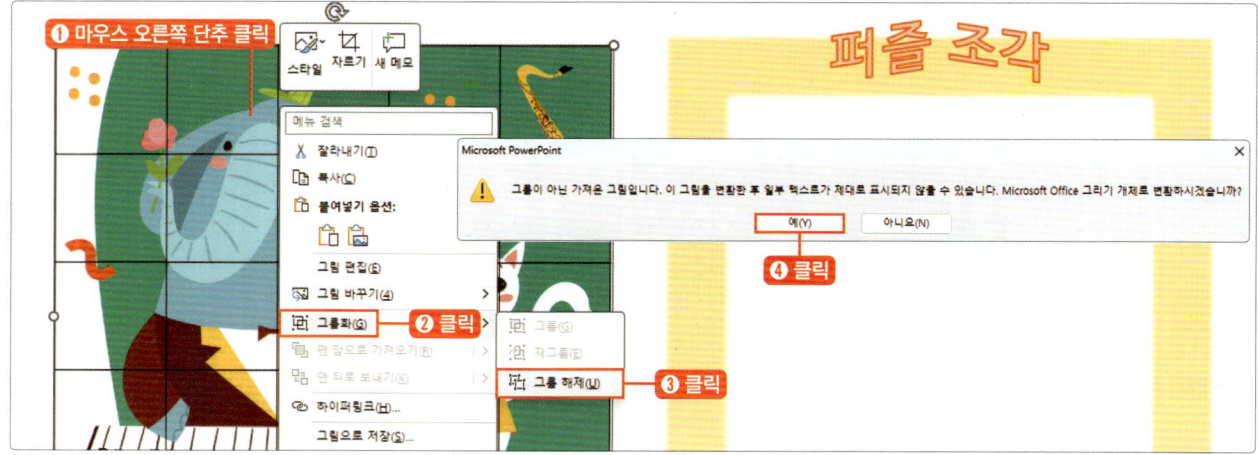

6 다시 한 번 반복하여 [그룹 해제(🔲)]를 클릭한 후, 퍼즐이 완성되면 Esc 키를 눌러 모든 선택을 해제해요.

➡ 마우스 오른쪽 단추-[그룹화]-[그룹 해제(🔲)]-Esc

7 퍼즐 조각을 오른쪽으로 이동하여 슬라이드를 완성해요.

CHAPTER 14 혼자서 뚝딱 뚝딱

📁 불러올 파일 : 14일차_연습.pptx 📊 완성된 파일 : 14일차_연습(완성).pptx   ☐ 지금하기 ☐ 나중에 하기

1 21일차_연습.pptx 파일을 열어 차트를 완성해보세요.

➡ [파일]-[열기]-[찾아보기]-[14일차]
➡ [삽입]-[표]-[표(⊞)]
➡ 표의 열·행의 개수(6) / 셀의 높이·너비(2.5)

CHAPTER 14 퍼즐 게임 만들기 **087**

CHAPTER 15

레고 얼굴 그리기

학습목표

- 슬라이드 복제 기능을 이용하여 캐릭터의 표정을 다양하게 변경해요.
- 각각의 슬라이드에 화면 전환 효과를 적용해요.

배울 내용 미리보기!

📁 불러올 파일 : 15일차.pptx   📁 완성된 파일 : 15일차(완성).pptx

 창의력 풀러스

■ 다음 조건에 맞추어 빈 칸에 들어갈 표정을 그려보세요. 단, 아래 3가지의 조건을 모두 만족해야 한답니다!

조건
① 어떤 가로줄에도 같은 표정이 나타나지 않도록 한다.
② 어떤 세로줄에도 같은 표정이 나타나지 않도록 한다.
③ 아래 4개의 표정이 가로/세로 각각의 줄에 하나씩 들어가도록 한다.

01 레고 캐릭터 표정 그리기!

1 '15일차.pptx'를 불러온 후, [도형]에서 [타원(○)]을 선택해요.
➤ [파일]-[열기]-[찾아보기]-[15일차]
➤ [삽입]-[일러스트레이션]-[도형(○)]-[기본 도형]

CHAPTER 15 레고 얼굴 그리기 **089**

2　그림과 같이 왼쪽 눈을 그린 후, 도형 서식을 변경해요.
➤ 도형 채우기 : 검정, 텍스트 1　➤ 도형 윤곽선 : 윤곽선 없음

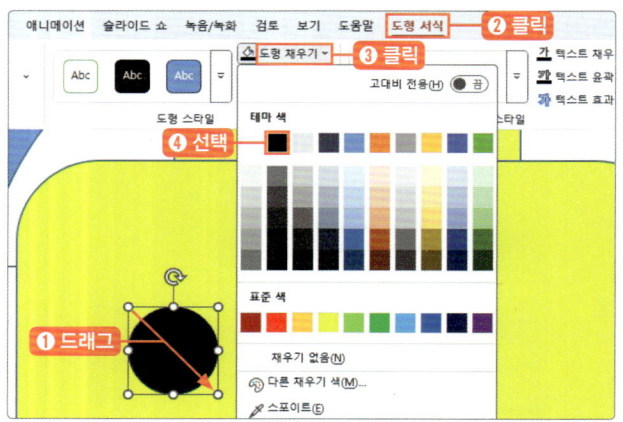 

3　Ctrl + Shift 키를 누른 채 왼쪽 눈을 오른쪽으로 드래그하여 복사해요.

※ Ctrl + Shift 키를 누른 채 드래그하면 도형을 반듯하게 복사할 수 있어요.

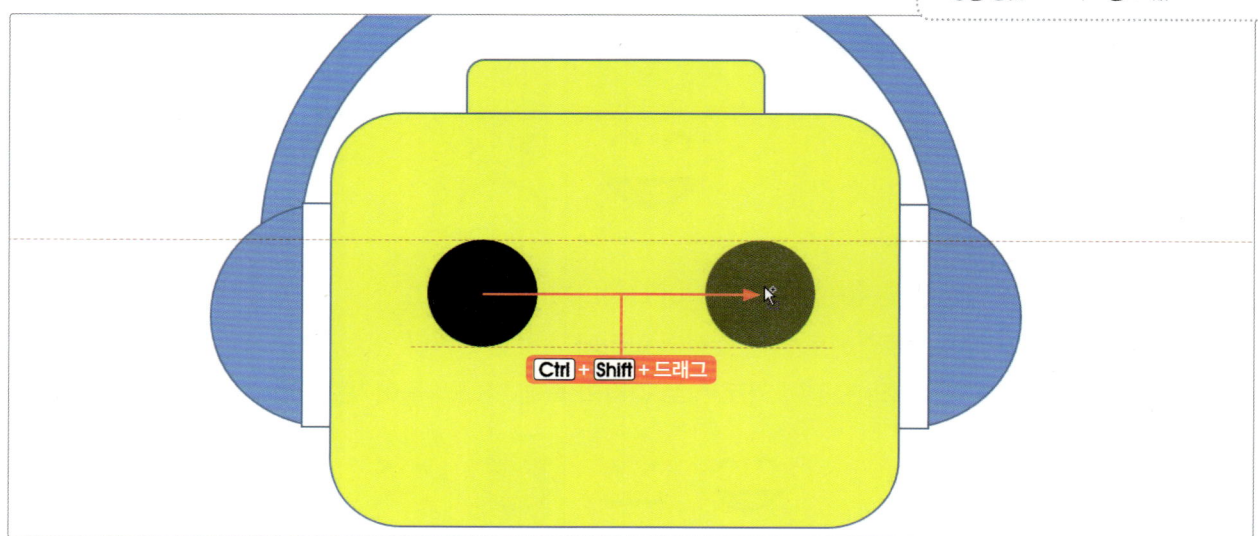

4　[도형]에서 [막힌 원호(⌒)]를 선택하여 그림과 같이 입을 완성해요.
➤ [삽입]-[일러스트레이션]-[도형(○)]-[기본 도형]
➤ 도형 채우기 : 검정, 텍스트 1　➤ 도형 윤곽선 : 윤곽선 없음

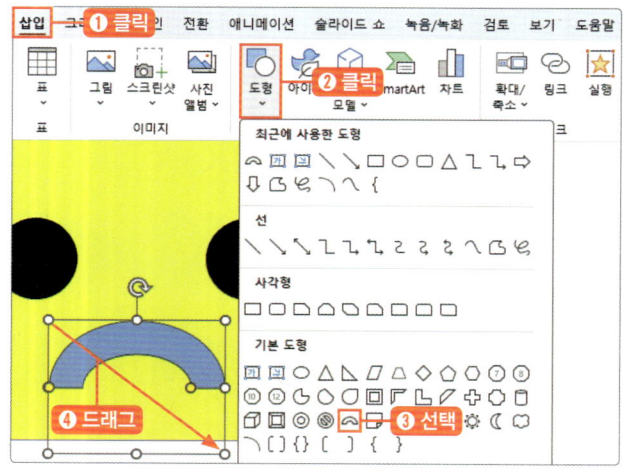 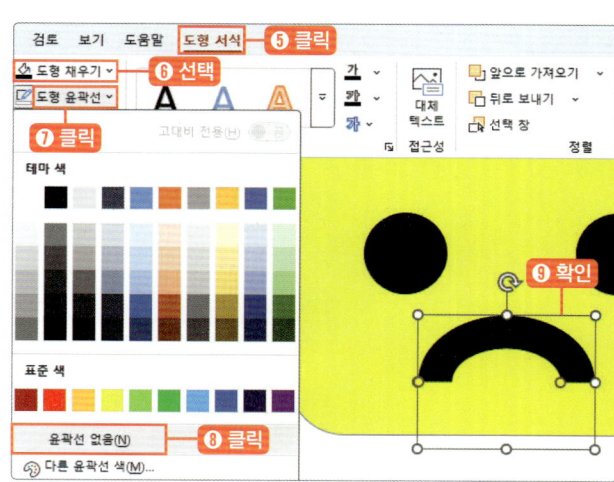

5 [회전]에서 [상하 대칭(◁)]을 클릭한 후, 크기 및 위치를 변경해요.
➡ [도형 서식]-[정렬]-[회전(⟲)]-[상하 대칭(◁)]

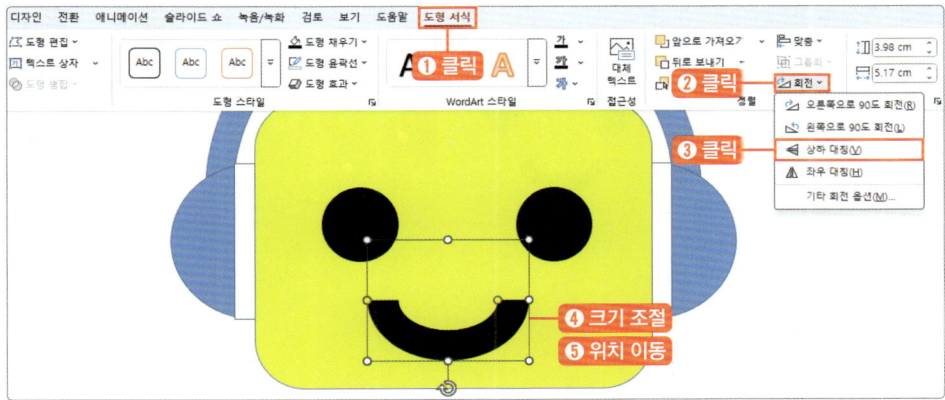

02 레고 캐릭터 슬라이드 복사해서 모양 바꾸기!

1 [슬라이드 1] 위에서 마우스 오른쪽 단추를 눌러 [슬라이드 복제(🗐)]를 두 번 반복하여 슬라이드 3개를 완성해요.

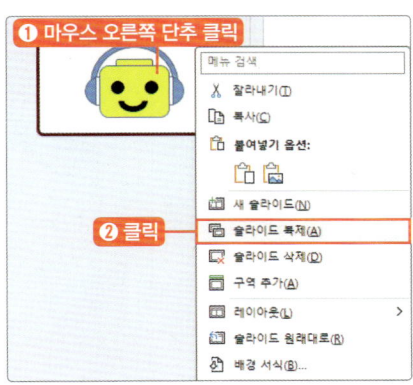  

2 [슬라이드 2]를 선택한 후, **Shift** 키를 누른 채 캐릭터의 눈을 각각 클릭해요. 이어서, [도형 편집]에서 [하트(♡)]를 클릭하여 눈 모양을 변경해요.
➡ [도형 서식]-[도형 삽입]-[도형 편집(🗗)]-[도형 모양 변경]-[기본 도형]

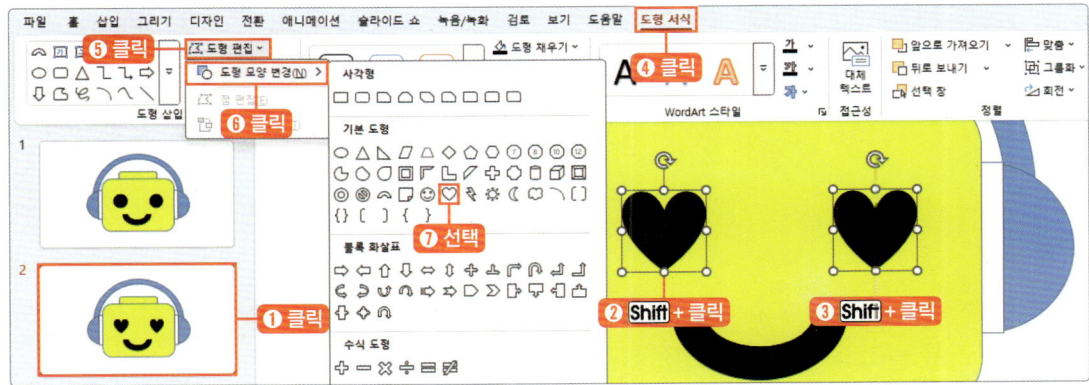

CHAPTER 15 레고 얼굴 그리기 **091**

3 같은 방법으로 [슬라이드 2]와 [슬라이드 3]의 캐릭터 얼굴 표정과 이어폰의 색상을 다른 색으로 변경해요.

▲ [슬라이드 2] : [도형 채우기]-'빨강'

▲ [슬라이드 3] : [도형 채우기]-'자주'

03 레고 슬라이드, 멋지게 전환하기!

1 [슬라이드 1]을 클릭한 후, [전환]에서 '자세히 단추(▼)'를 클릭하고, '종이 접기(▶)'를 선택해요.
➡ [전환]-[슬라이드 화면 전환]-'자세히 단추(▼)'-[화려한 효과]-'종이 접기'

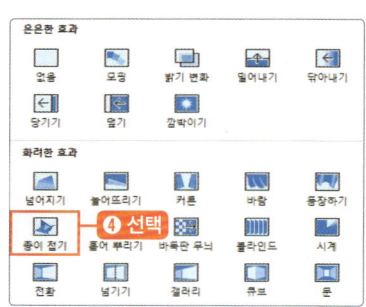

2 같은 방법으로 각각의 슬라이드에 원하는 화면 전환 효과를 적용해요.
➡ [전환]-[슬라이드 화면 전환]-'자세히 단추(▼)'-[화려한 효과]-'커튼', '큐브'

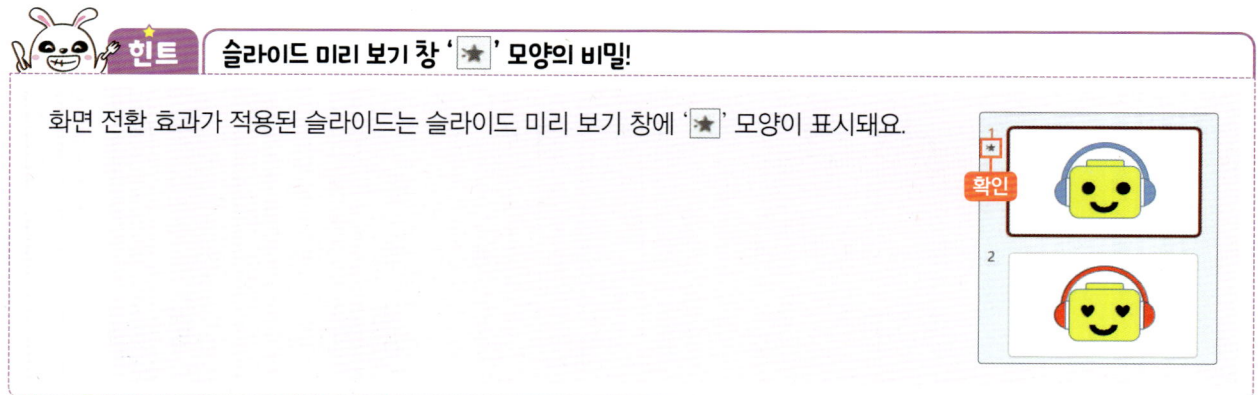

슬라이드 미리 보기 창 '★' 모양의 비밀!

화면 전환 효과가 적용된 슬라이드는 슬라이드 미리 보기 창에 '★' 모양이 표시돼요.

3 F5 키를 눌러 적용된 슬라이드 화면 전환 효과를 확인해요.

Enter 키를 눌러 다음 슬라이드로 이동할 수 있고, Esc 키를 눌러 [슬라이드 쇼]를 종료할 수 있어요.

불러올 파일 : 15일차_연습.pptx   **완성된 파일** : 15일차_연습(완성).pptx   ☐ 지금하기 ☐ 나중에 하기

1 15일차_연습.pptx 파일을 열어 고양이 얼굴을 완성해보세요.

① [기본 도형]에서 [타원(◯)]을 삽입하여 고양이의 얼굴을 완성해요.
  ➡ [삽입]-[일러스트레이션]-[도형(◯)]-[기본 도형]

> 고양이의 볼은 [도형 서식]-[도형 효과]-[부드러운 가장자리]에서 효과를 적용할 수 있어요.

② [슬라이드 복제]를 두 번 반복하여 3개의 슬라이드를 만들어요.

③ [도형 편집(◨)]에서 [슬라이드 2]와 [슬라이드 3]의 고양이 눈 모양을 변경한 후, [슬라이드 2]와 [슬라이드 3] 고양이의 귀와 볼을 다른 색으로 변경해요.
  ➡ [도형 서식]-[도형 삽입]-[도형 편집(◨)]-[도형 모양 변경]-[기본 도형]
  ➡ 슬라이드 2 : [도형 채우기]-'주황, 강조 2, 60% 더 밝게'
  ➡ 슬라이드 3 : [도형 채우기]-'녹색, 강조 6, 60% 더 밝게'

④ 각각의 슬라이드에 다양한 화면 전환 효과를 적용해요.
  ➡ [전환]-[슬라이드 화면 전환]-[자세히 단추(▾)]-[화려한 효과]-'비행기', '갤러리'

CHAPTER 16 혼자서도 잘해요!

학습목표
- 9일차~15일차에서 배운 내용을 혼자 스스로 완성해봅니다.

문제 01
<작업 순서>를 참고하여 아래 그림과 같이 슬라이드를 완성해요.

📁 불러올 파일 : 16일차_정글.pptx   📄 완성된 파일 : 16일차_정글(완성).pptx

• 작업 순서 •

1. '16일차_정글.pptx'를 불러와요. ➡ [파일]-[열기]-[찾아보기]-[16일차]

2. 제목 텍스트의 글꼴 서식을 변경해요. ➡ [홈]-[글꼴]-'글꼴(휴먼모음T)', '글꼴 크기(45)', '정글(녹색)'

3. [타원] 두 개를 삽입하고 두 개의 도형을 겹치도록 배치하여 [통합]해요.
   ➡ [삽입]-[일러스트레이션]-[도형( )]-[기본 도형]-[타원( )]
   ➡ [도형 서식]-[도형 삽입]-[도형 병합( )]-[통합( )]

4. 병합(통합)된 도형을 선택하고 도형 질감 및 도형 윤곽선 서식을 변경해요.
   ➡ 마우스 오른쪽 단추-[그림 또는 질감 채우기]-[질감]-'녹색 대리석'
   ➡ [도형 서식]-[도형 스타일]-[도형 윤곽선]-'윤곽선 없음'

5. 병합(통합)된 도형을 선택한 후, 텍스트를 입력하고 글꼴 서식을 변경해요.
   ➡ [홈]-[글꼴]-'글꼴(휴먼엑스포)', '글꼴 크기(36)'

6. [그림]에서 '정글1~3.jpg' 그림 삽입한 후, [그림 스타일]을 변경해요.
   ➡ [삽입]-[이미지]-[그림( )]-[이 디바이스( )]-[16일차]

문제 02 〈작업 순서〉를 참고하여 아래 그림과 같이 슬라이드를 완성해요.

📂 불러올 파일 : 16일차_퍼즐.pptx 📄 완성된 파일 : 16일차_퍼즐(완성).pptx

작업 순서

1. '16일차_퍼즐.pptx'를 불러와요. ➡ [파일]-[열기]-[찾아보기]-[16일차]

2. [표]의 열과 행의 개수를 '7'로 지정한 후, 삽입해요. ➡ [삽입]-[표]-[표 삽입(▦)]

3. [표]의 테두리를 클릭한 후, 높이와 너비를 '2.15'로 변경해요.
   ➡ [표 레이아웃]-[셀 크기]-'높이(2.15)', '너비(2.15)'

4. [그림 또는 질감 채우기]에서 '퍼즐' 이미지를 삽입해요.   '그림을 질감으로 바둑판식 배열'을 꼭 체크하세요!

5. [표]의 테두리를 선택하고 [모든 테두리(⊞)]를 클릭해요.
   ➡ 테두리 선택-[테이블 디자인]-[테두리]

6. [표]의 테두리가 선택된 상태에서 [복사]한 후, Delete 키를 눌러 표를 삭제해요.
   ➡ [홈]-[클립보드]-[복사(📋)]

7. '선택하여 붙여넣기'를 클릭한 후, '그림(확장 메타파일)' 형식으로 붙여넣기해요.
   ➡ [홈]-[클립보드]-[붙여넣기(📋)]-옵션(▼)

8. 삽입된 그림을 두 번 [그룹 해제]하고 Esc 키를 눌러 모든 선택을 해제해요.
   ➡ 마우스 오른쪽 단추-[그룹화]-[그룹 해제(🔳)]- Esc

9. 퍼즐 조각을 오른쪽으로 이동하여 슬라이드를 완성해요.

CHAPTER 17 홍보 포스터 만들기

학습목표
- 그림을 삽입하고 그림 효과를 적용해요.
- 워드아트로 디자인된 문구를 완성해요.

📁 불러올 파일 : 17일차.pptx 📁 완성된 파일 : 17일차(완성).pptx

■ '사다리 타기' 게임은 세로 선을 따라 아래로 줄을 긋다가 가로 선을 만나면 오른쪽 또는 왼쪽으로 사다리를 타고 한 칸을 이동한 후, 다시 세로 선으로 내려가는 것을 반복하여 도착 지점에 도달하는 게임이에요.

① '사다리 게임을 통해 조합되는 글자를 주황색 칸에 적어보세요.

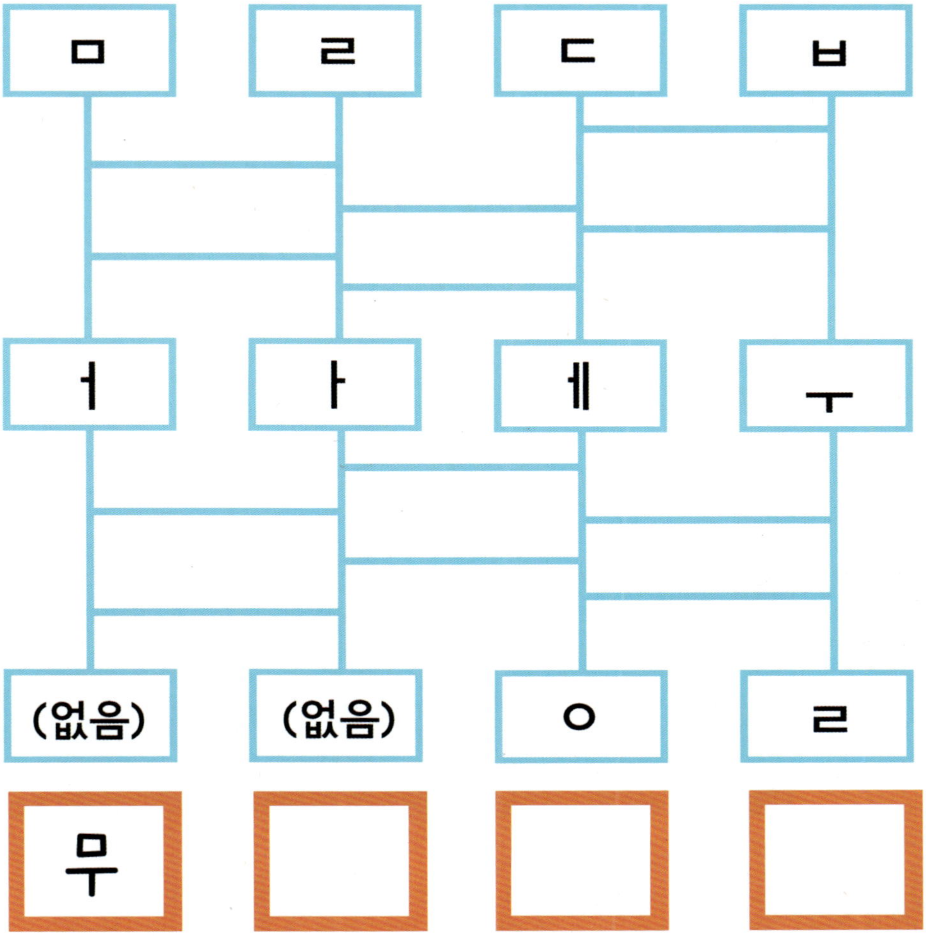

ㅁ	ㄹ	ㄷ	ㅂ
ㅓ	ㅏ	ㅔ	ㅜ
(없음)	(없음)	ㅇ	ㄹ
무			

② 찾은 글자를 순서에 맞게 조합하여 다시 적어보세요.

01 맛있는 김치 그림에 특별한 옷 입히기!

1 '17일차.pptx'를 불러온 후, [그림]에서 '김치' 이미지를 삽입해요.
- [파일]-[열기]-[찾아보기]-[17일차]
- [삽입]-[이미지]-[그림( )]-[이 디바이스( )]-[17일차]-'김치'

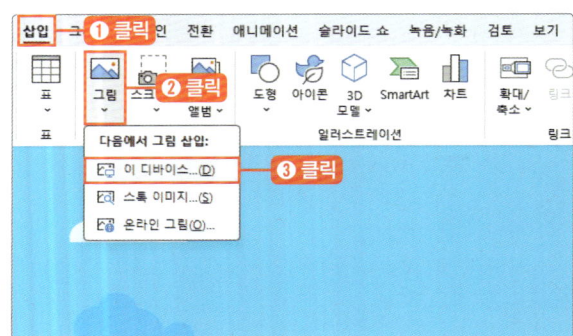
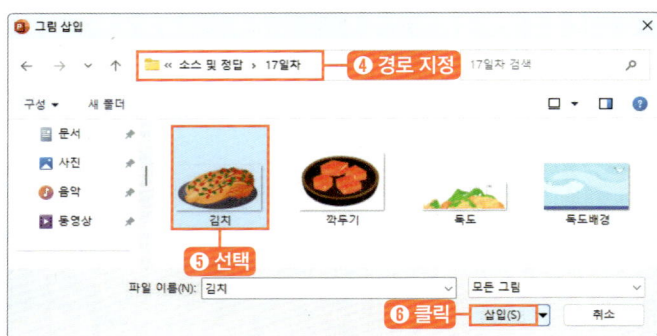

2 같은 방법으로 '깍두기'를 선택하여 삽입한 후, 그림의 크기 및 위치를 변경해요.

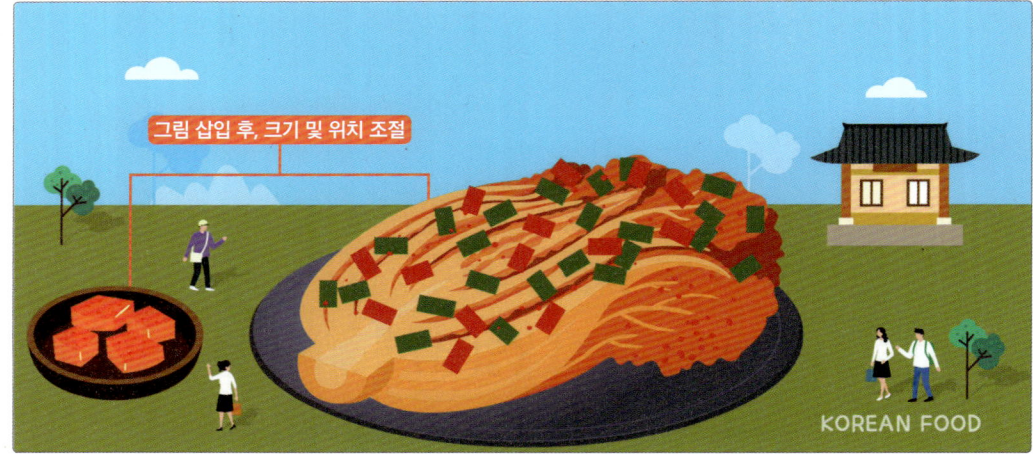

3 '김치' 이미지를 클릭한 후, [그림 서식]에서 원하는 [네온] 효과를 선택해요.
- [그림 서식]-[그림 스타일]-[그림 효과( )]-[네온]-'네온: 18pt, 황금색, 강조색 4'

4 같은 방법으로 '깍두기' 이미지도 원하는 [네온] 효과를 선택하여 변경해요.
➡ [그림 서식]-[그림 스타일]-[그림 효과()]-[네온]-'네온: 18pt, 황금색, 강조색 2'

힌트 │ 그림 효과 적용하기

삽입된 그림을 선택한 후, [그림 효과]에서 더 많은 효과들을 적용할 수 있어요.
➡ [그림 서식]-[그림 스타일]-[그림 효과()]

02 워드아트(wordArt) 꾸미기!

1 [WordArt]를 클릭한 후, 원하는 디자인을 선택해요.
➡ [삽입]-[텍스트]-[WordArt()]-'채우기: 검정, 텍스트 색 1, 윤곽선: 흰색, 배경색´, 진한 그림자: 파랑, 강조색 5'

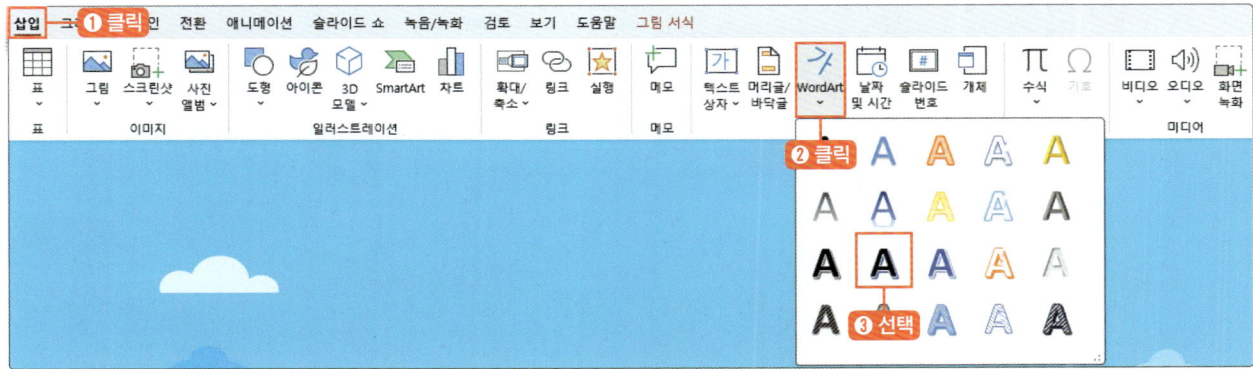

2 삽입된 워드아트에 '자랑스러운 우리 음식'을 입력한 후, 위치를 변경해요.

> 내용이 입력되지 않을 경우에는 '필요한 내용을 적으십시오'를 블록으로 지정한 후, 입력해보세요!

3 워드아트의 테두리를 선택한 후, [글꼴]에서 원하는 글꼴 서식으로 변경해요.
➡ [홈]-[글꼴]-'글꼴(궁서)', '글꼴 크기(60)', '굵게', '텍스트 그림자'

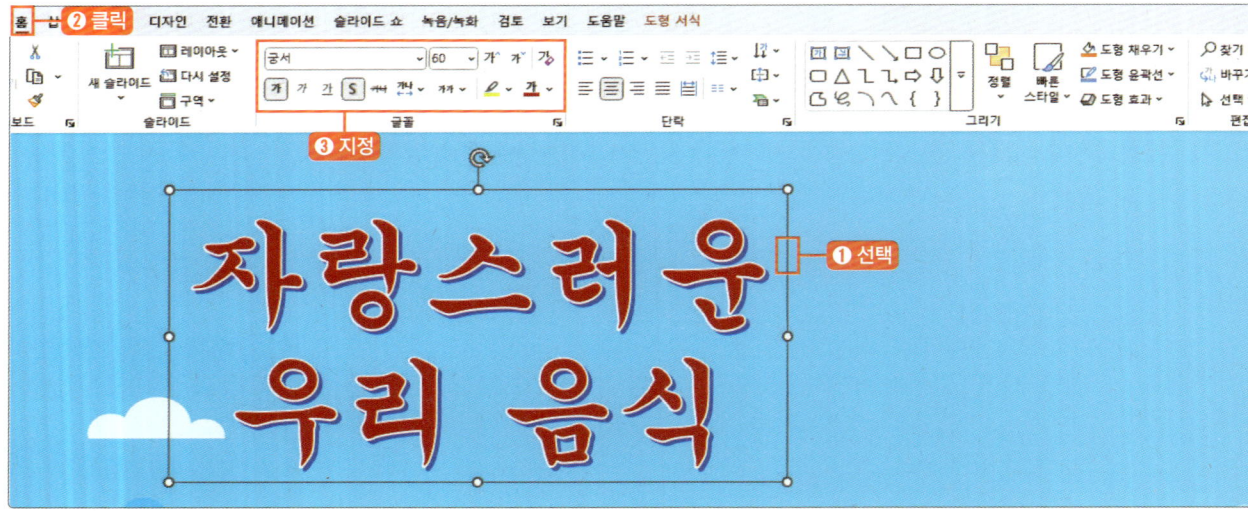

4 같은 방법으로 워드아트를 삽입하여 '김치'를 입력한 후, 아래 그림을 참고하여 위치를 이동해요.
➡ [홈]-[글꼴]-'글꼴(궁서)', '글꼴 크기(150)', '굵게', '기울임꼴', '텍스트 그림자'

📁 불러올 파일 : 없음   📄 완성된 파일 : 17일차_연습(완성).pptx   ☐ 지금하기 ☐ 나중에 하기

1 새 프레젠테이션을 열어 아래 그림과 같이 작품을 완성해보세요.

1. '독도배경' 이미지를 이용하여 배경을 지정해요.
   ➡ 슬라이드-마우스 오른쪽 단추-[배경 서식]-[그림 또는 질감 채우기]-[삽입]-[17일차]-'독도배경'

2. '독도' 이미지를 삽입한 후, [그림 효과]에서 원하는 효과로 변경해요.
   ➡ [삽입]-[이미지]-[그림(🖼)]-[이 디바이스(🖥)]-[17일차]-'독도'
   ➡ [그림 서식]-[그림 스타일]-[그림 효과(🩹)]-[그림자]-[안쪽]-'안쪽: 가운데'
   ➡ [그림 서식]-[그림 스타일]-[그림 효과(🩹)]-[네온]-'네온: 18pt, 파랑, 강조색 5'

3. [워드아트(WordArt)]를 삽입한 후, 글꼴 서식을 변경해요.
   ➡ [삽입]-[텍스트]-[WordArt(🗝)]

 **워드아트 삽입 후, 특정 단어만 서식을 변경하는 방법**

- 많은 내용의 워드아트가 입력되었을 때 원하는 단어를 블록으로 지정한 후, 해당 글자만 서식을 변경할 수 있어요.
- [도형 서식]-[WordArt 스타일]-텍스트 채우기 / 텍스트 윤곽선 / 텍스트 효과 메뉴를 이용하여 워드아트의 서식을 변경할 수 있어요.

CHAPTER 18 · 동화책 결말 만들기

학습목표
- 도형 스타일을 이용하여 도형 서식을 빠르게 변경해요.
- 여러 가지 도형을 삽입하여 예쁜 성을 만들어요.

 **배울 내용 미리보기!** 📁 불러올 파일 : 18일차.pptx   📁 완성된 파일 : 18일차(완성).pptx

우와! 성이 알록달록하니까 예쁘당. 이거 도형으로 만들었으면 시간이 오래 걸렸겠는걸?

아닌데ㅋㅋ '도형 스타일' 기능을 사용하면 도형 채우기와 도형 테두리를 한 번에 바꿀 수 있기 때문에 오래 걸리진 않았어 ㅎㅎㅎ

과연.. 그런 노하우가..!

... 그리하여 주인공은 성으로 돌아와 사랑하는 사람들과 함께 행복하게 살았답니다.

 창의력 뿜뿜

■ 아래 그림을 보고 학교와 관련된 단어들을 찾아 표시해보세요.
  ※ 단어 목록에는 없지만 새로운 단어를 찾았다면 오른쪽 아래 빈칸에 적어보세요.

실	선	성	중	두	자	필	통	원
내	스	구	책	용	키	소	대	의
화	네	교	상	항	프	관	파	자
곽	과	동	니	린	칠	연	일	박
서	안	리	터	람	쥐	판	누	선
겨	책	가	방	온	타	자	생	부
당	백	휴	반	원	풍	님	다	컴
잡	크	설	지	연	생	본	퓨	생
운	동	장	진	필	가	터	체	오

① 실내화 ② 칠판
③ 교과서 ④ 책가방
⑤ 필통   ⑥ 의자
⑦ 선생님 ⑧ 컴퓨터
⑨ 연필   ⑩ 운동장
⑪ 책상

01 내용에 예쁜 옷 입히기!

1 '18일차.pptx'를 불러온 후, 내용을 클릭하여 활성화된 텍스트 상자의 테두리를 선택해요.

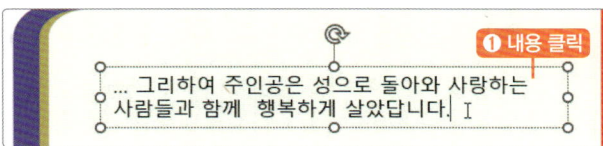 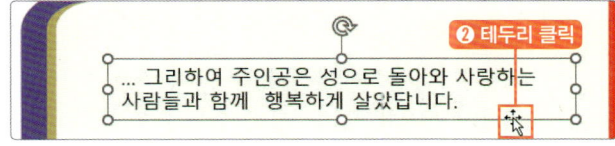

2 그림을 참고하여 [글꼴]에서 원하는 글꼴 서식으로 변경해요.
➤ [홈]-[글꼴]-'글꼴(휴먼매직체)', '글꼴 크기(45)', '파랑', '빨강'

CHAPTER 18 동화책 결말 만들기 **103**

02 도형을 불러와, 예쁜 옷 입히기!

1 [도형]에서 [직사각형(□)] 도형을 선택한 후, 다음과 같은 위치에 도형을 그린 후, 원하는 도형 스타일을 선택해요.

> '도형 스타일' 기능은 파워포인트에서 기본적으로 제공되는 디자인 서식이에요. 도형 스타일을 이용하면 채우기, 윤곽선, 도형 효과 등을 한 번에 적용할 수 있어요.

➡ [삽입]-[일러스트레이션]-[도형(⬚)]-[사각형] ➡ [도형 서식]-[도형 스타일]-[자세히 단추(▾)클릭]

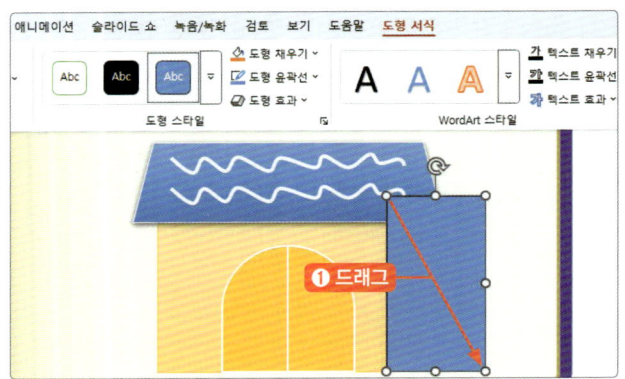
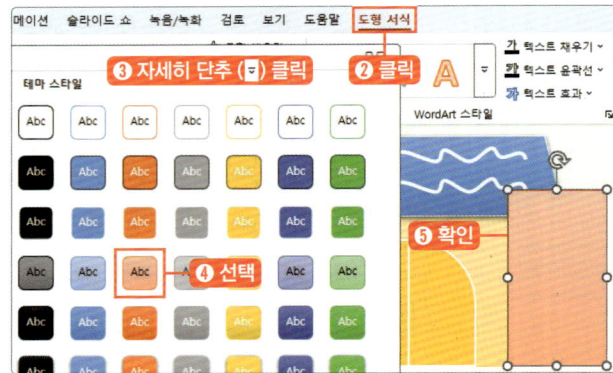

2 [도형(⬚)]에서 [배지(⬡)] 도형을 선택한 후, 다음과 같은 위치에 도형을 그리고, 원하는 도형 스타일을 선택해요.

➡ [삽입]-[일러스트레이션]-[도형(⬚)]-[기본 도형] ➡ [도형 서식]-[도형 스타일]-[자세히 단추(▾)클릭]

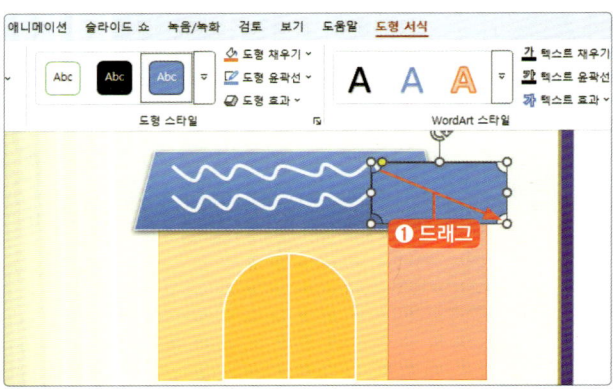
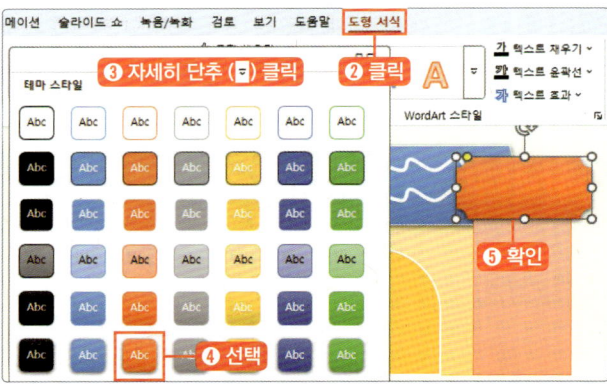

3 [도형]에서 [순서도: 지연(▱)]을 선택한 후, 다음과 같은 위치에 도형을 그리고 원하는 도형 스타일을 선택해요.

➡ [삽입]-[일러스트레이션]-[도형(⬚)]-[순서도] ➡ [도형 서식]-[도형 스타일]-[자세히 단추(▾)클릭]

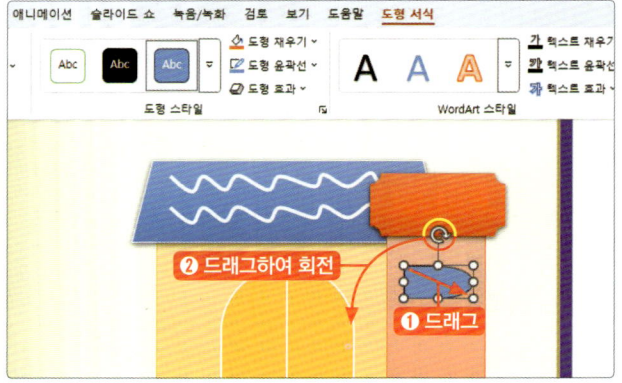
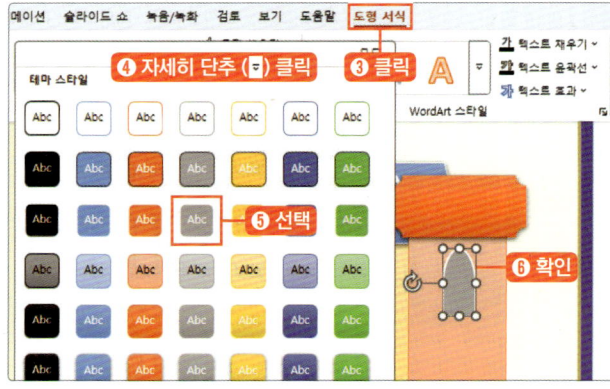

03 여러 도형을 묶어서 복사하기!

1 그림과 같이 드래그한 후, 선택된 도형 위에서 마우스 오른쪽 단추를 눌러 [그룹]을 클릭해요.
➡ 도형 선택-마우스 오른쪽 단추-[그룹화]-[그룹( )]

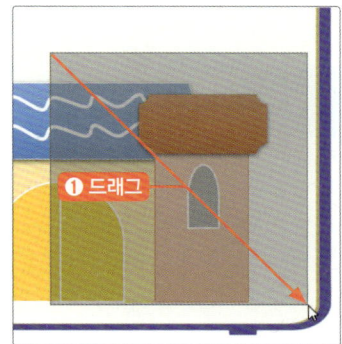 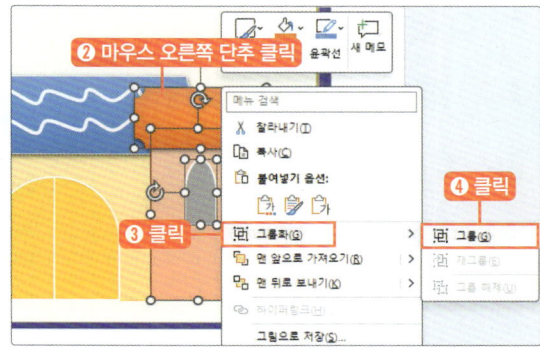 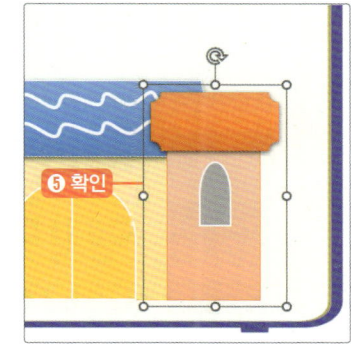

2 그룹화된 도형을 아래 그림과 같이 복사해요. 이어서, 복사된 도형 위에서 마우스 오른쪽 단추를 눌러 [맨 뒤로 보내기( )]를 클릭해요.

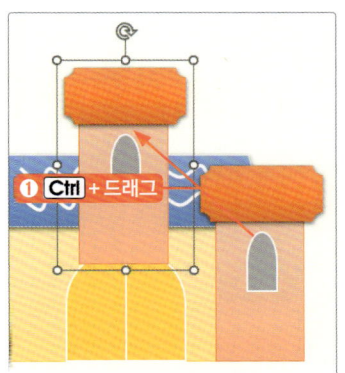 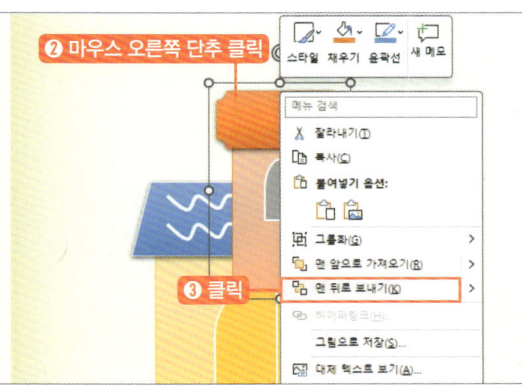 

3 뒤쪽으로 복사된 도형의 위쪽 부분을 빠르게 세 번 클릭한 후, 원하는 도형 스타일로 변경해요.
➡ [도형 서식]-[도형 스타일]-[자세히 단추( )클릭]

> 그룹으로 지정된 도형 중에서 특정 도형만 선택하려면 해당 도형을 빠르게 세 번 클릭해요.

4 다음 그림을 참고하여 도형들을 삽입하고 도형 스타일을 변경하여 예쁜 성을 완성해요..

CHAPTER 18

혼자서 뚝딱뚝딱

📁 **불러올 파일** : 18일차_연습.pptx　📗 **완성된 파일** : 18일차_연습(완성).pptx　☐ 지금하기　☐ 나중에 하기

1 18일차_연습.pptx 파일을 열어 아래 그림과 같이 작품을 완성해보세요.

1 텍스트 상자를 클릭하여 [글꼴]에서 글꼴 서식을 변경해요.
▸ [홈]-[글꼴]-'글꼴(휴먼편지체)', '글꼴 크기(40)'

2 다음을 참고하여 감옥을 만들어요.
▸ [삽입]-[일러스트레이션]-[도형(□)]-[사각형]
▸ [도형]에서 [직사각형(□)] 삽입 → 도형 스타일 적용 → 도형을 일정한 간격으로 복사하여 감옥문 만들기 → 손잡이 만들기 → 감옥에 사용된 도형을 모두 선택하여 그룹으로 지정

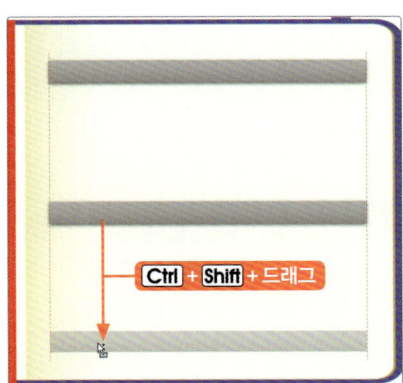
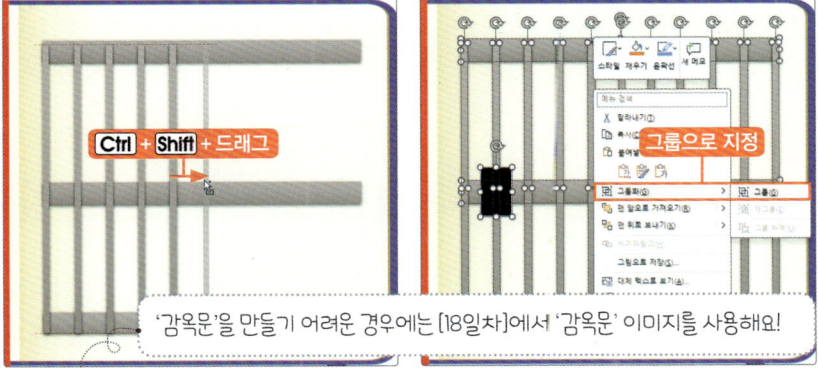

3 '괴물' 이미지를 삽입한 후, [맨 뒤로 보내기(🖼)]를 이용하여 완성해요.
▸ [삽입]-[이미지]-[그림(🖼)]-[이 디바이스(🖥)]-[18일차]-'괴물'

CHAPTER 19
자기소개하기

학습목표
- 하이퍼링크와 실행 단추를 이용하여 슬라이드를 이동해요.
- 도형 스타일을 이용하여 도형 서식을 빠르게 변경해요.

배울 내용 미리보기!

📂 불러올 파일 : 19일차.pptx   📄 완성된 파일 : 19일차(완성).pptx

창의력 플러스

■ 힌트를 참고하여 단어를 이어보세요.

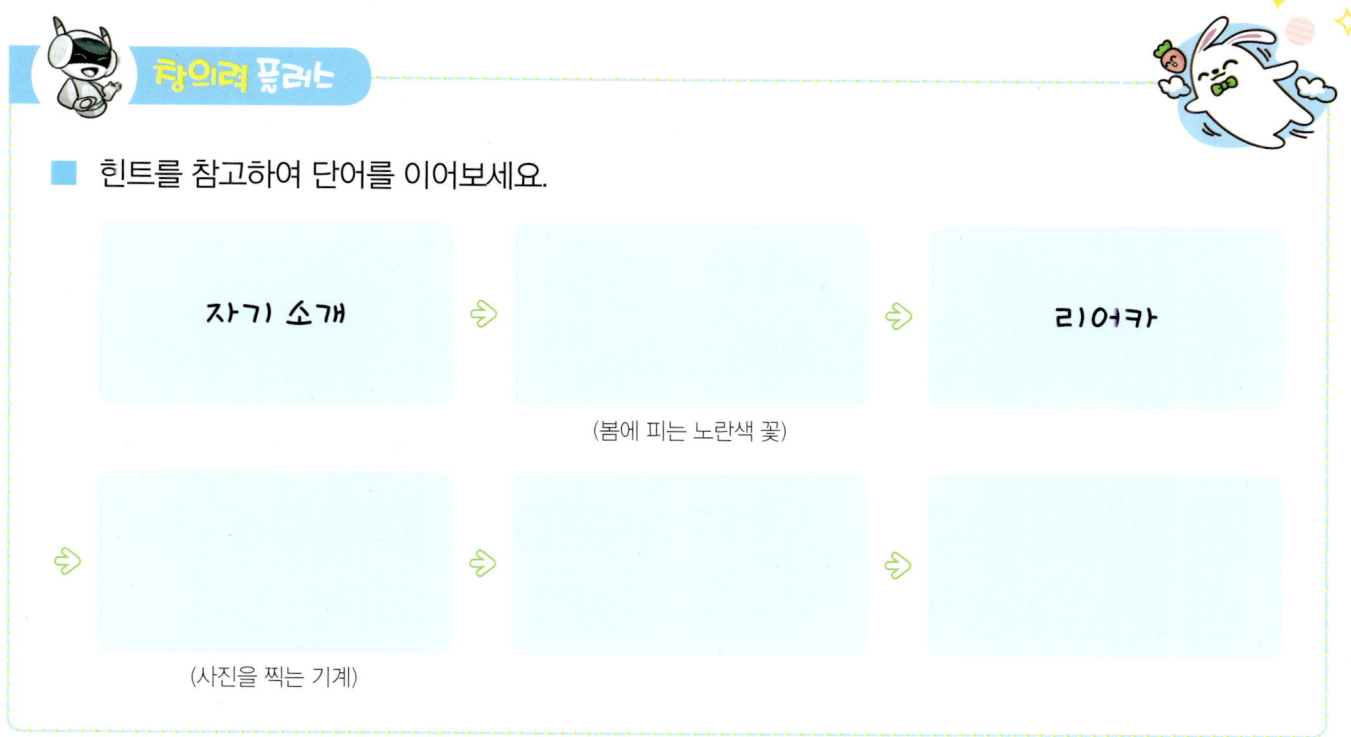

(봄에 피는 노란색 꽃)

(사진을 찍는 기계)

01 나를 소개하고 그림 넣기!

1 '19일차.pptx'를 불러온 후, 제목과 부제목을 입력해요.
➡ [파일]-[열기]-[찾아보기]-[19일차]

부제목에는 나의 학년, 반, 이름을 입력해요.

2 [슬라이드 2]를 선택하여 내용을 입력한 후, [그림]에서 '소개1' 이미지를 삽입해요.
➡ [삽입]-[이미지]-[그림( )]-[이 디바이스( )]-[19일차]-'소개1'

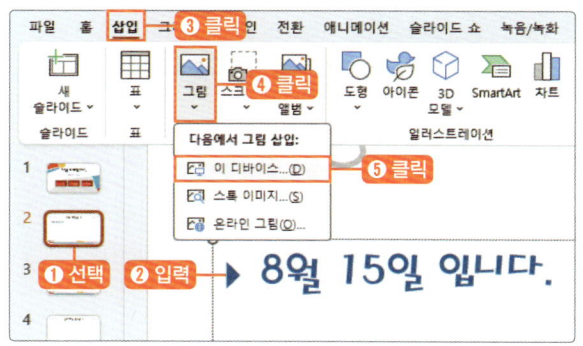

3 아래 그림을 참고하여 각 슬라이드에 내용을 입력하고 그림을 삽입해요.
➡ [삽입]-[이미지]-[그림( )]-[이 디바이스( )]-[19일차]-'소개2'-'소개3'

02 도형을 버튼처럼 꾸미고 점프!

1 [슬라이드 1]을 선택하여 '나의 생일'이 입력된 도형을 클릭한 후, [도형 스타일]에서 원하는 스타일을 적용해요. 이어서, 같은 방법으로 나머지 도형들의 스타일을 변경해요.
➡ [도형 서식]-[도형 스타일]-[자세히 단추()]-'색 채우기 - 옥색, 강조 3', '색 채우기 - 주황, 강조 2', '색 채우기 - 빨강, 강조 1'

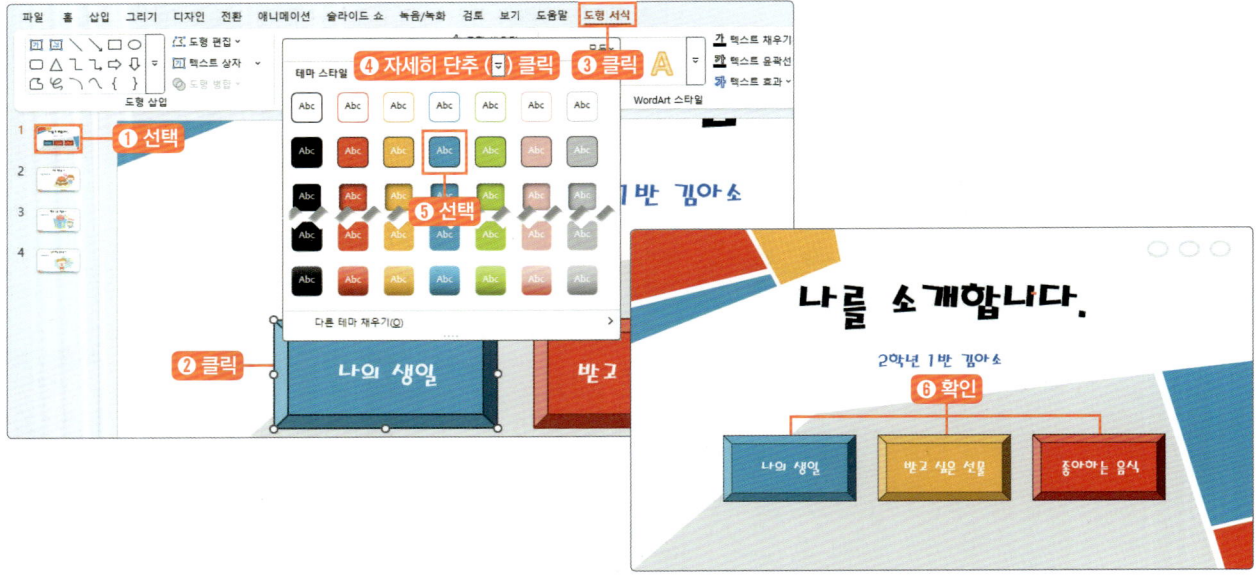

2 '나의 생일'이 입력된 도형의 테두리 위에서 마우스 오른쪽 단추를 눌러 [하이퍼링크(🔗)]를 클릭해요.

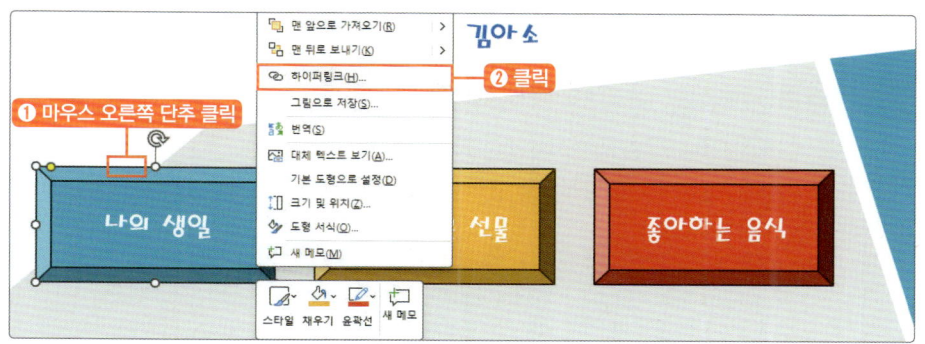

3 연결 대상(현재 문서)과 문서 위치(2. 나의 생일은?)를 선택한 후, <확인> 단추를 클릭해요.

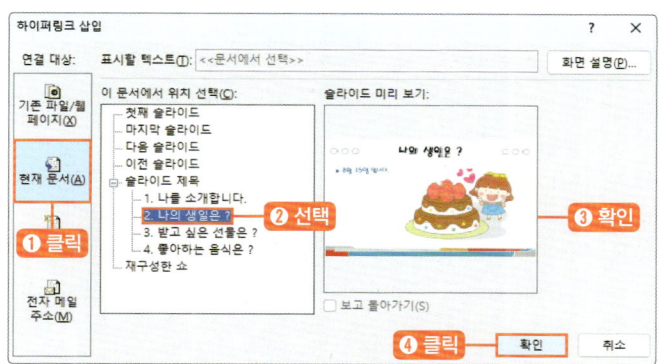

4 그림을 참고하여 '받고 싶은 선물' 도형에 하이퍼링크를 삽입해요.

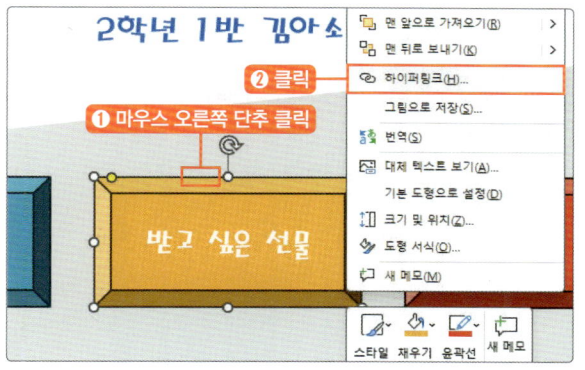 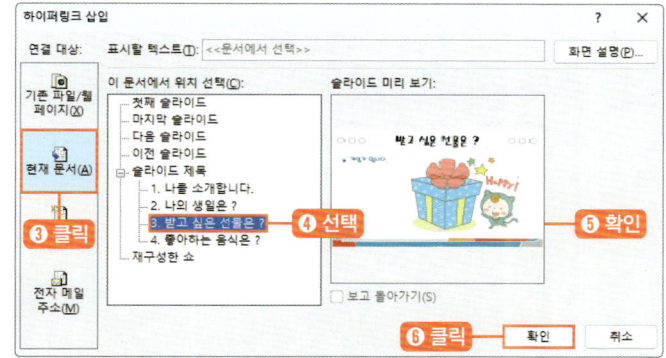

5 그림을 참고하여 '좋아하는 음식' 도형에 하이퍼링크를 삽입해요.

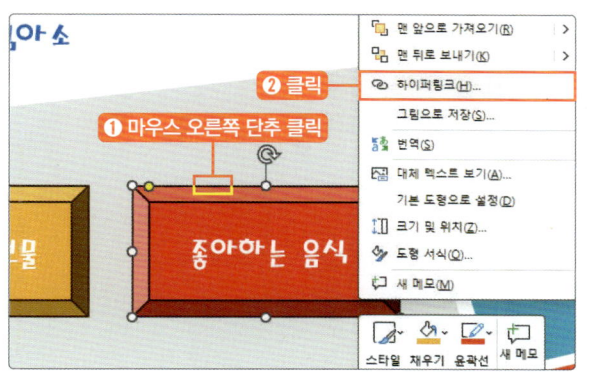 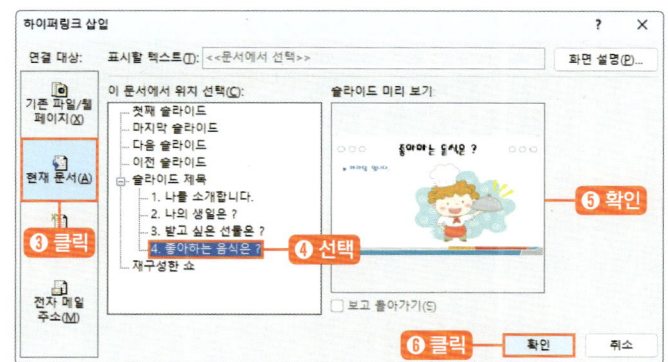

03 실행 단추로 슬라이드 쇼 확인하기!

1 [슬라이드 2]를 클릭하여 [도형]에서 [실행 단추: 홈으로 이동(🏠)]을 선택한 후, 그림과 같이 삽입해요.

➡ [삽입]-[일러스트레이션]-[도형(⬛)]-[실행 단추]

[슬라이드 쇼]를 실행했을 때 홈 단추를 누르면 첫 번째 슬라이드(나를 소개해요.)로 이동해요.

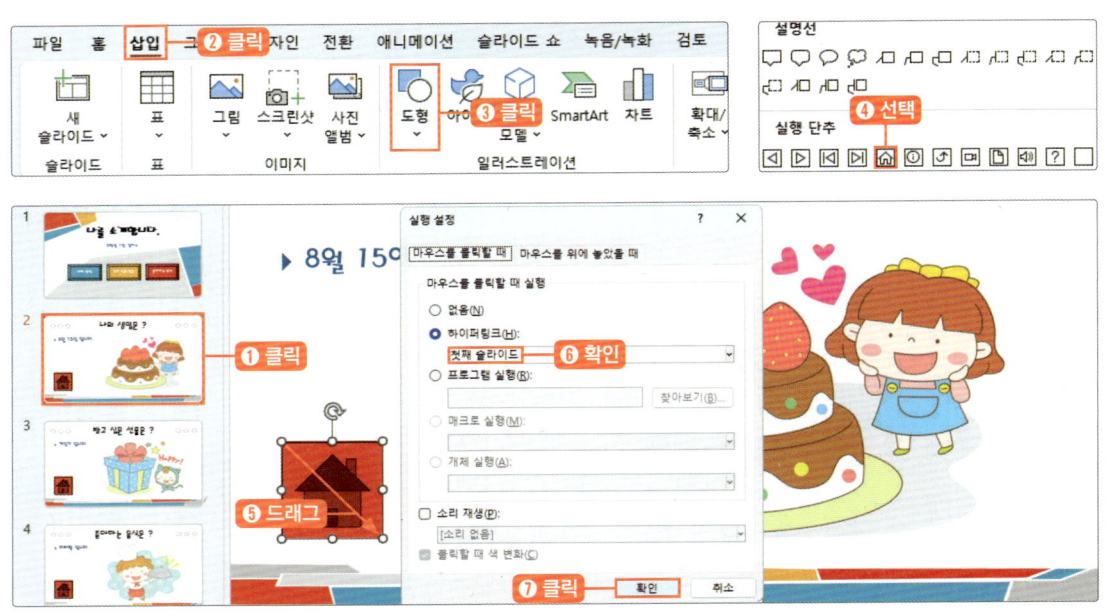

2 같은 방법으로 [슬라이드 3]과 [슬라이드 4]에 [실행 단추: 홈으로 이동(🏠)]을 삽입해요.

➡ [삽입]-[일러스트레이션]-[도형(⬛)]-[실행 단추]

3 F5 키를 눌러 [슬라이드 쇼]를 실행한 후, 하이퍼링크가 적용된 도형과 홈 단추를 클릭하여 확인해봅니다.

하이퍼링크와 실행 단추는 [슬라이드 쇼] 상태에서만 확인할 수 있으며, 해당 개체 위에 마우스 포인터를 올리면 '👆' 모양으로 변경돼요.

슬라이드 쇼는 Esc 키를 누르면 종료할 수 있어요.

불러올 파일 : 19일차_연습.pptx 　완성된 파일 : 19일차_연습(완성).pptx

　지금하기　나중에 하기

1 19일차_연습.pptx 파일을 열어 아래 그림과 같이 작품을 완성해보세요.

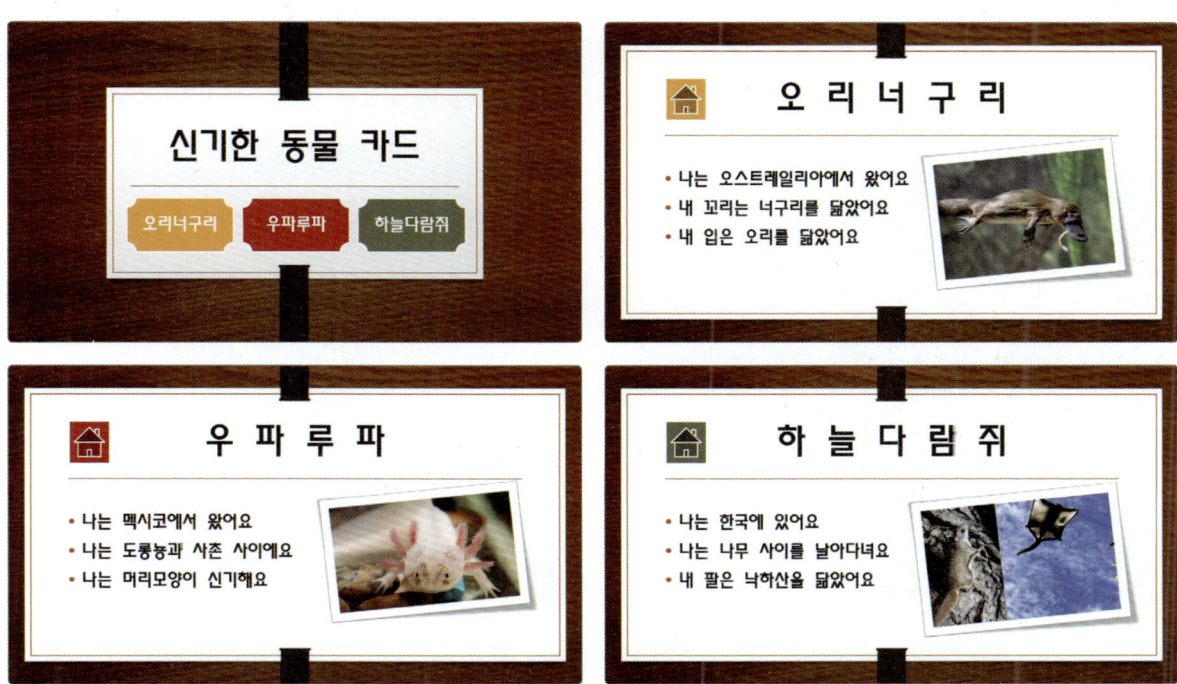

1. [슬라이드 1]에 삽입된 도형들을 선택하여 '도형 스타일'을 적용해요.
2. 각 슬라이드에 알맞은 그림을 삽입한 후, '그림 스타일'을 적용해요.
3. [슬라이드 1]로 돌아가 각 도형에 알맞은 위치에 하이퍼링크를 삽입해요.

힌트 : 슬라이드 제목의 이름을 참고하여 하이퍼링크를 삽입해요.

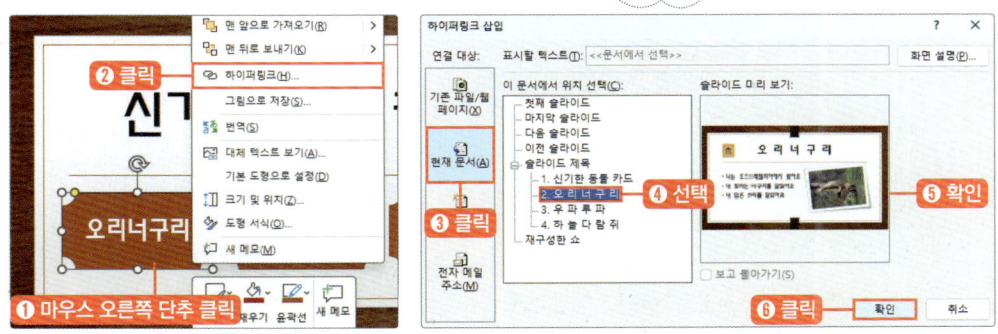

4. 각 슬라이드에 [실행 단추: 홈으로 이동(🏠)]을 삽입하고 도형 스타일을 적용해요.
5. F5 키를 눌러 [슬라이드 쇼]를 실행한 후, 하이퍼링크가 적용된 도형과 홈 단추를 클릭하여 확인해요.

CHAPTER 20 두더지 잡기

학습목표
- 도형을 삽입하고 도형 효과(도형 채우기, 입체 효과 등)를 적용해요.
- 그림을 삽입하고 그림 효과(네온 등)를 적용해요.
- 애니메이션의 타이밍 기능(시작, 지연, 재생 시간, 반복 등)을 이용하여 애니메이션을 실행해요.
- 타이밍 기능을 이용하여 두 가지 애니메이션을 함께 실행해요.

 배울 내용 미리보기!

불러올 파일 : 20일차.pptx 　완성된 파일 : 20일차(완성).pptx

박사님! 한 개의 슬라이드 안에 여러 개의 애니메이션을 넣을 수 있나요?

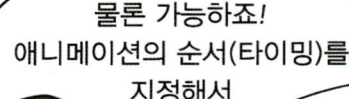

물론 가능하죠! 애니메이션의 순서(타이밍)를 지정해서

망치로 때리면 두더지가 땅 속으로 들어가거나, 바람이 불면 촛불이 꺼지는 것과 같이 연결되는 동작을 만들 수 있답니다.

 창의력 플러스

■ 그림을 보고 틀린 그림 5개를 찾아 표시해보세요.

01 두더지 망치, 멋지게 꾸미기!

1. '20일차.pptx'를 불러온 후, 망치 면을 빠르게 세 번 클릭해요. 이어서, [도형 채우기]에서 원하는 색상(주황, 강조 2, 50% 더 어둡게)으로 변경해요.
   ➡ [파일]-[열기]-[찾아보기]-[20일차]
   ➡ [도형 서식]-[도형 스타일]-[도형 채우기]-'주황, 강조 2, 50% 더 어둡게'

CHAPTER 20 두더지 잡기 **115**

2 Esc 키를 눌러 선택을 해제한 후, 망치 전체 도형을 드래그하여 선택해요.

드래그 하지 않고 전체 도형을 선택하려면 Ctrl + A 키를 사용해요.

3 [입체 효과]에서 원하는 효과를 선택해요.
➡ [도형 서식]-[도형 스타일]-[도형 효과( )]-[입체 효과]-'십자형으로'

4 [그림]을 클릭한 후, '두더지굴'과 '두더지' 이미지를 순서대로 삽입해요.
이어서, 아래 그림을 참고하여 크기와 위치를 변경해요.

그림의 배치 순서 변경은 13페이지 힌트 를 참고하세요.

➡ [삽입]-[이미지]-[그림( )]-[이 디바이스( )]-[20일차]-'두더지굴', '두더지'

116 돌아온 꿈트리_파워포인트 2021

5 두더지를 클릭한 후, [그림 효과]에서 원하는 효과를 선택해요.
➡ [그림 서식]-[그림 스타일]-[그림 효과]-[네온]-'네온: 18pt, 황금색, 강조색 4'

6 Shift 키를 눌러 '두더지굴'을 선택한 후, Ctrl 키를 누른 채 원하는 위치로 드래그하여 그림과 같이 복사해요.

Ctrl 키를 누른 채 드래그 하면 자유롭게 그림을 복사할 수 있어요.

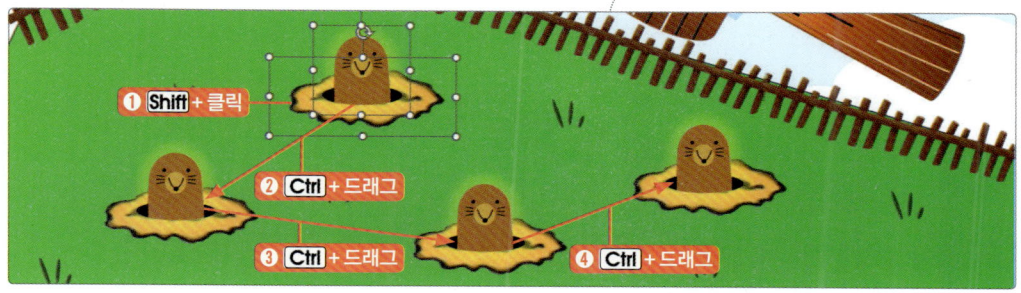

02 뽕! 쏙!, 움직이는 두더지 만들기

1 Shift 키를 누른 채 모든 두더지를 선택한 후, [애니메이션 추가]에서 [추가 강조하기 효과()]를 선택해요.
➡ [애니메이션]-[고급 애니메이션]-[애니메이션 추가(☆)]-[이동 경로]-'추가 강조하기 효과'

CHAPTER 20 두더지 잡기 **117**

2 [강조하기 효과 추가] 창이 나오면 '깜빡이기(☆)'를 클릭한 후, <확인> 단추를 클릭해요.

3 [애니메이션]에서 [애니메이션 창]을 클릭해요. 이어서, 오른쪽 작업 창이 나오면 첫 번째 줄을 선택한 후, 목록 단추(▼)를 클릭하고 [타이밍]을 선택하여 다음과 같이 변경해요.

➡ [애니메이션]-[고급 애니메이션]-[애니메이션 창(▥)]

① 시작 : 이전 효과와 함께   ② 지연 : 3초
③ 재생 시간 : 20초(매우 느리게)   ④ 반복 : 슬라이드가 끝날 때 까지

애니메이션 그림 번호는 프로그램 작업 환경에 따라 다르게 나타나요.

두더지가 서로 다르게 나오기 위해 각각 두더지 그림이 선택된 상태에서 타이밍 작업을 해야 해요.

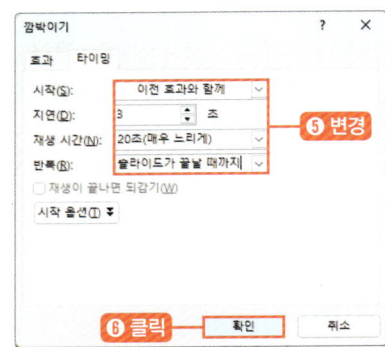

4 같은 방법으로 나머지 두더지도 선택한 후, 타이밍을 다음과 같이 변경해요.

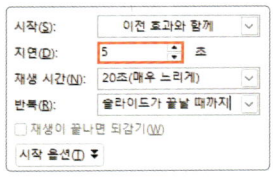
▲ 지연 : 5초

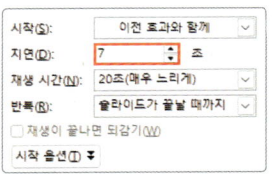
▲ 지연 : 7초

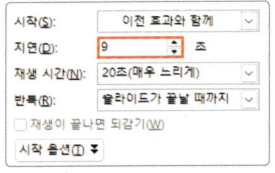
▲ 지연 : 9초

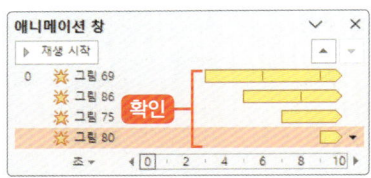

5 F5 키를 눌러 타이밍이 적용된 애니메이션을 확인해요.

'지연'을 2초 간격으로 지정했기 때문에 두더지들에게 적용된 애니메이션은 2초마다 두더지 한 마리씩 시작돼요!

Esc 키를 눌러 [슬라이드 쇼]를 종료할 수 있어요.

CHAPTER 20

📁 **불러올 파일** : 20일차_연습.pptx 📄 **완성된 파일** : 20일차_연습(완성).pptx   ☐ 지금하기 ☐ 나중에 하기

1 20일차_연습.pptx 파일을 열어 두 가지(두더지, 망치) 애니메이션이 함께 실행되도록 작품을 완성해요.

1 망치가 선택된 상태에서 [사용자 지정 경로( )]를 클릭해요.
➡ [애니메이션]-[애니메이션 추가(☆)]-[이동 경로]

2 망치에서 첫 번째 두더지에 애니메이션을 적용한 후, [애니메이션 창]에서 위치 순서를 변경해요.

> **힌트** [애니메이션 창] 순서 변경하기
> - 망치 애니메이션을 지정하면 마지막 줄에 위치해요.
> - 망치 애니메이션이 지정되면 두더지 순서 사이에 '⬆⬇' 움직여서 위치를 변경해요.

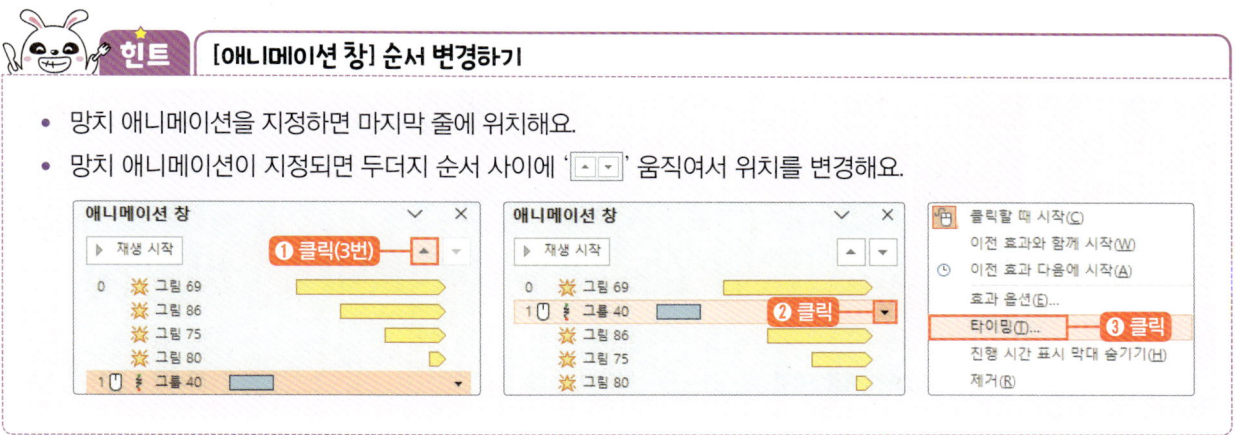

3 [고급 애니메이션]-[애니메이션 창]을 클릭하여 각각 두더지에 애니메이션을 적용한 후, 타이밍을 다음과 같이 변경해요.

❶ **시작** : 이전 효과와 함께 ❷ **재생시간** : 3초(느리게) ❸ **반복** : 슬라이드가 끝날 때까지

▲ 지연 : 1초   ▲ 지연 : 3초   ▲ 지연 : 5초   ▲ 지연 : 7초

4 F5 키를 눌러 타이밍이 적용된 애니메이션을 확인해요.

CHAPTER 21 동물들의 평균 수명 알아보기

학습목표
- 차트를 삽입하고 차트 스타일을 지정해요.
- 그림의 불필요한 부분을 잘라내고 배경을 투명한 색으로 지정해요.

 배움 내용 미리보기!

📁 불러올 파일 : 21일차.pptx   📁 완성된 파일 : 21일차(완성).pptx

동물들의 평균 수명은 얼마나 될까요?!

[동물의 평균 나이]

말	30
돼지	10
고양이	18
코끼리	70
거북이	100

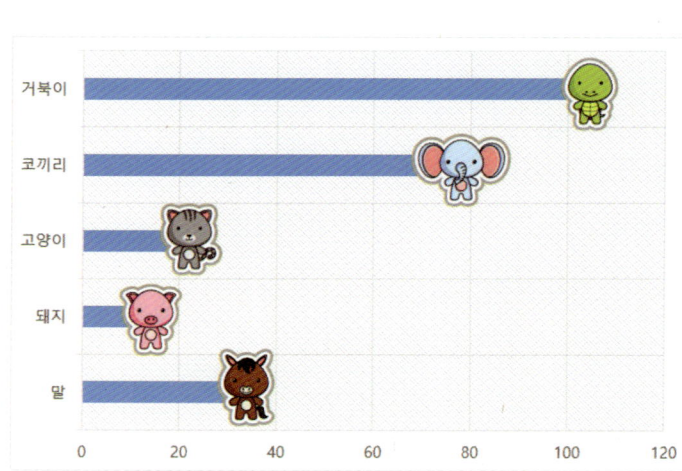

 **창의력 뿜뿜**

■ 똑같이 생긴 10마리의 강아지 중 다른 모습을 하고 있는 2마리의 강아지를 찾아보세요.

01 동물 수명 차트 꾸미기!

1 '21일차.pptx'를 불러온 후, 차트를 삽입하기 위해 [차트]를 클릭해요.
  ➡ [파일]-[열기]-[찾아보기]-[21일차]
  ➡ [삽입]-[일러스트레이션]-[차트()]

2 이어서, [가로 막대형]에서 [묶은 가로 막대형]을 선택한 후, <확인> 단추를 클릭해요.

 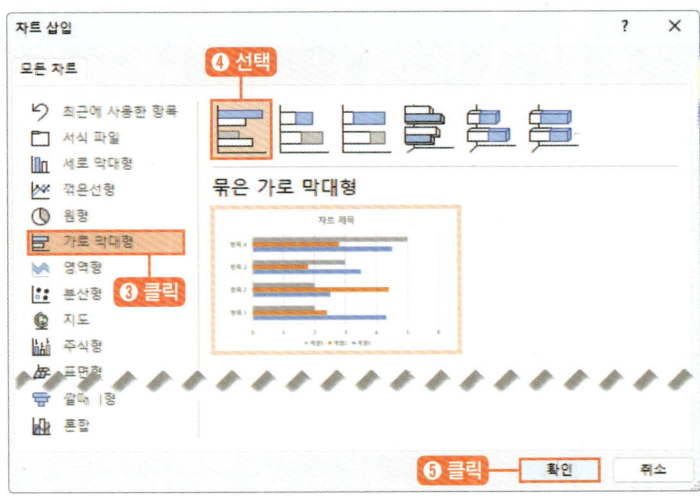

CHAPTER 21 동물들의 평균 수명 알아보기

3 차트가 삽입되면서 엑셀 데이터 창이 나오면 차트에 필요한 데이터를 그림과 같이 입력해요.

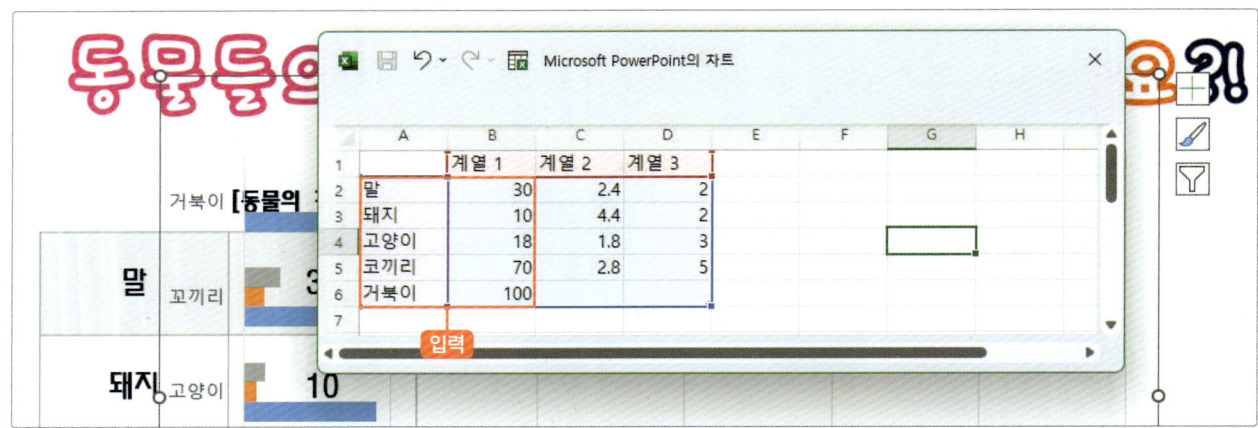

힌트) 차트에 필요한 데이터를 더 빠르게 입력하는 방법

삽입된 표 안쪽의 데이터를 블록으로 지정하여 '복사(Ctrl + C)'한 후, 데이터 입력 창의 [A2] 셀에 '붙여넣기(Ctrl + V)'해요.

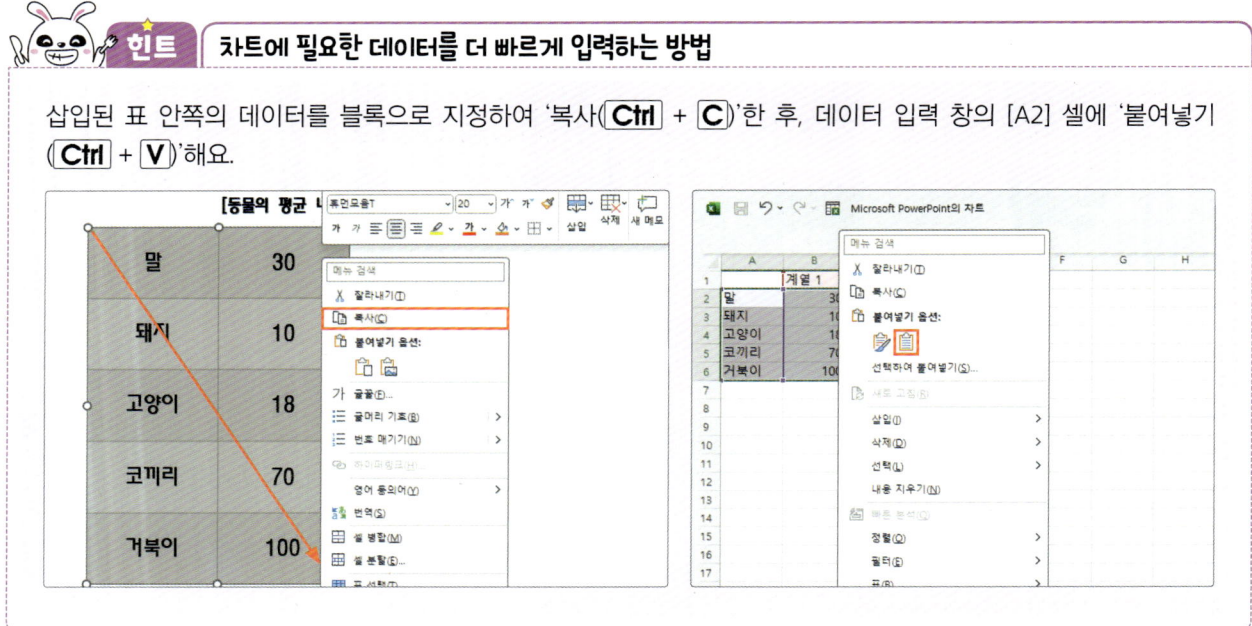

4 오른쪽 아래의 파란색 점( )을 이용하여 그림과 같이 차트 범위를 지정한 후, 불필요한 데이터를 지우고 엑셀 데이터 입력 창의 닫기( ) 단추를 클릭해요.

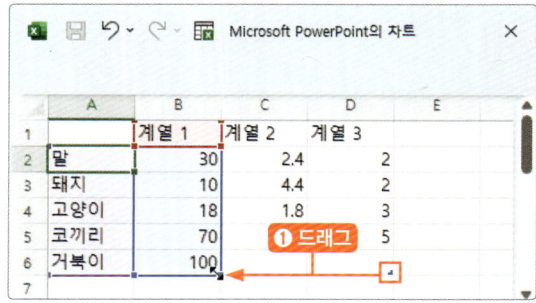 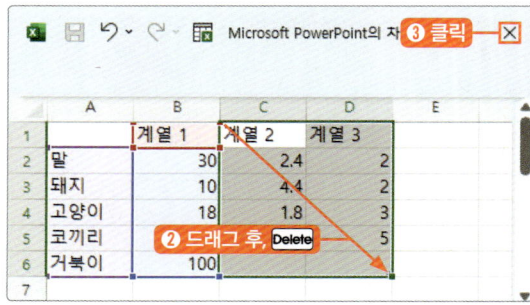

5 완성된 차트의 크기 및 위치를 적당하게 조절해요. 이어서, 차트의 불필요한 부분을 클릭한 후, Delete 키를 눌러 삭제해요.

6 차트를 선택한 후, [차트 스타일]에서 원하는 차트 스타일을 클릭해요.

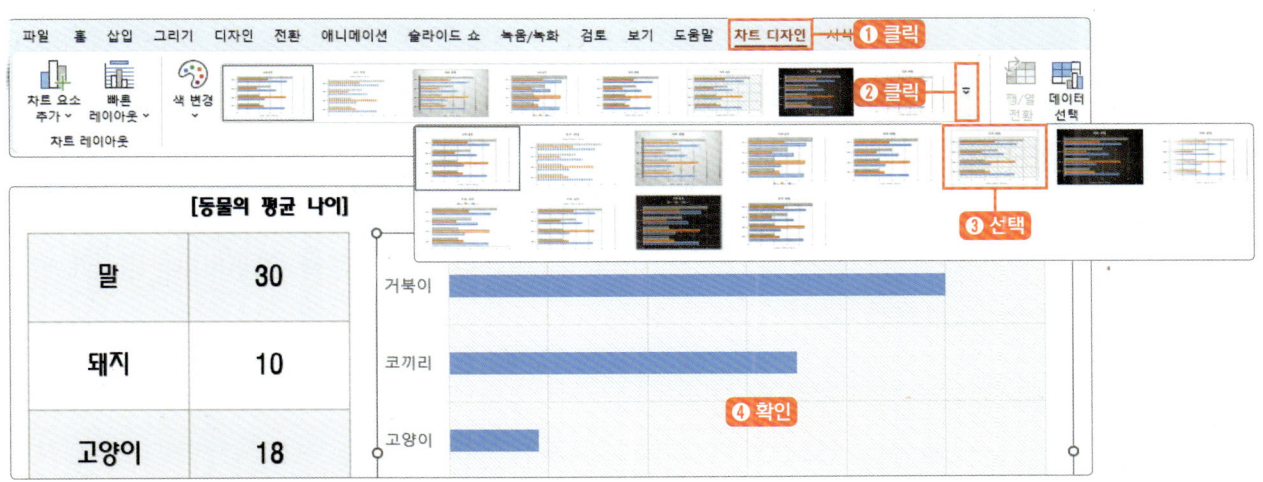

힌트 · 차트의 모양을 바꾸고 싶어요!

삽입된 차트를 선택한 후, [차트 종류 변경(📊)]을 클릭하여 작성된 차트를 다른 모양의 차트(세로 막대형, 꺾은선형 등)로 바꿀 수 있어요.

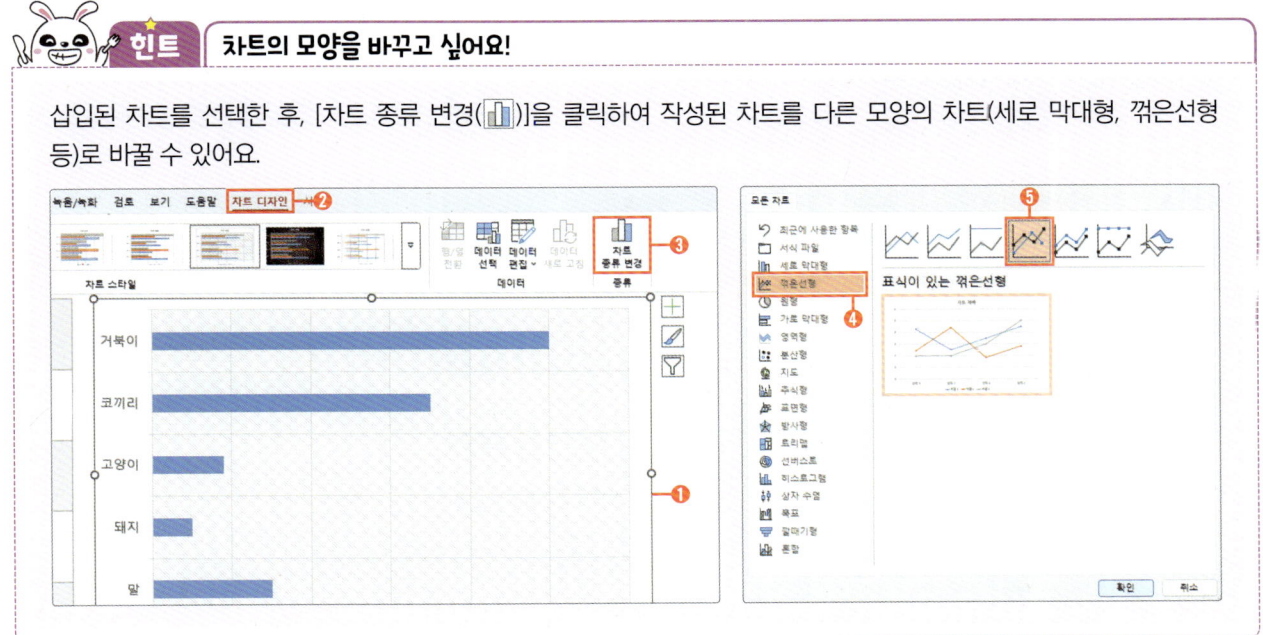

CHAPTER 21 동물들의 평균 수명 알아보기 **123**

02 필요한 동물 그림만 남기고 배경 투명하게 만들기!

1 Esc 키를 눌러 차트 선택을 해제한 후, [그림]에서 '동물' 이미지를 삽입해요.

▶ [삽입]-[이미지]-[그림(🖼)]-[이 디바이스(💻)]-[21일차]-'동물'

> 만약 차트가 선택된 상태에서 그림을 넣으면 차트 안쪽에 그림이 삽입되니 주의하세요!

2 그림이 삽입되면 삽입된 그림을 선택한 후, [자르기(⌐⌐)]를 클릭하여 말 캐릭터만 보이도록 잘라내요.

> 자르기는 구분선(⌐)을 드래그하여 남기고 싶은 이미지만 남겨놓고 Esc 키를 눌러요.

3 [색]에서 [투명한 색 설정(🖌)]을 클릭한 후, 이미지의 노란색 배경 부분을 선택하여 투명하게 만들어요.

▶ [색(🖼)]-[투명한 색 설정]

4 그림의 크기를 조절한 후, 위치를 말 계열의 막대 끝으로 이동해요.

5 같은 방법으로 나머지 동물들을 삽입해요.

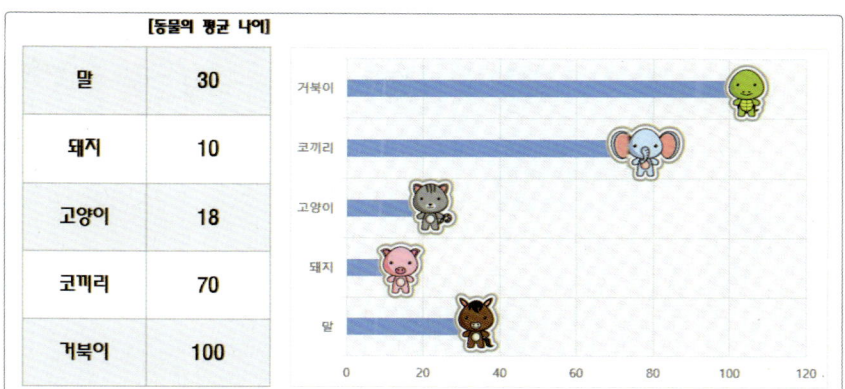

CHAPTER 21

혼자서 뚝딱뚝딱

📁 불러올 파일 : 21일차_연습.pptx   📗 완성된 파일 : 21일차_연습(완성).pptx

☐ 지금하기   ☐ 나중에 하기

1 21일차_연습.pptx 파일을 열어 차트를 완성해보세요.

① 우리반 친구들은 어떤 캐릭터를 좋아하는지 투표를 한 후, 투표 결과를 표에 입력해요.

② 표에 입력한 데이터를 활용하여 [원형] 차트를 삽입한 후, 차트의 크기 및 위치를 조절해요.

③ 차트 디자인을 '스타일 9'로 변경해요.

④ [21일차]에서 '캐릭터' 그림을 삽입하여 불필요한 부분을 잘라낸 후, 배경을 투명하게 변경해요.

> 불러온 '캐릭터' 그림을 Ctrl 키를 누른 상태에서 복사하여 자르기 하는 방법도 있어요!

CHAPTER 21 동물들의 평균 수명 알아보기 **125**

CHAPTER 22 성탄절 봉투 & 카드 만들기

학습목표
- 슬라이드의 크기를 변경해요.
- 삽입된 도형에 패턴을 적용한 후, 이미지를 삽입해요.

📁 불러올 파일 : 22일차.pptx   📁 완성된 파일 : 22일차(완성).pptx

파워포인트로 만든 작품을 프린터로 출력하고 싶다면, 작업 전에 슬라이드 크기를 A4 용지 사이즈로 변경 하세요!

기본 설정으로 작업 후 출력할 때

A4 용지 설정으로 작업 후 출력할 때

■ 선물이 있는 곳까지 산타가 도착할 수 있도록 길을 찾아주세요!

CHAPTER 22 성탄절 봉투 & 카드 만들기

01 슬라이드 크기 바꾸기!

1 '22일차.pptx'를 불러온 후, [슬라이드 크기(▢)]에서 [사용자 지정 슬라이드 크기]를 클릭해요.
➡ [파일]-[열기]-[찾아보기]-[22일차]-[디자인]-[사용자 지정]-'사용자 지정 슬라이드 크기'

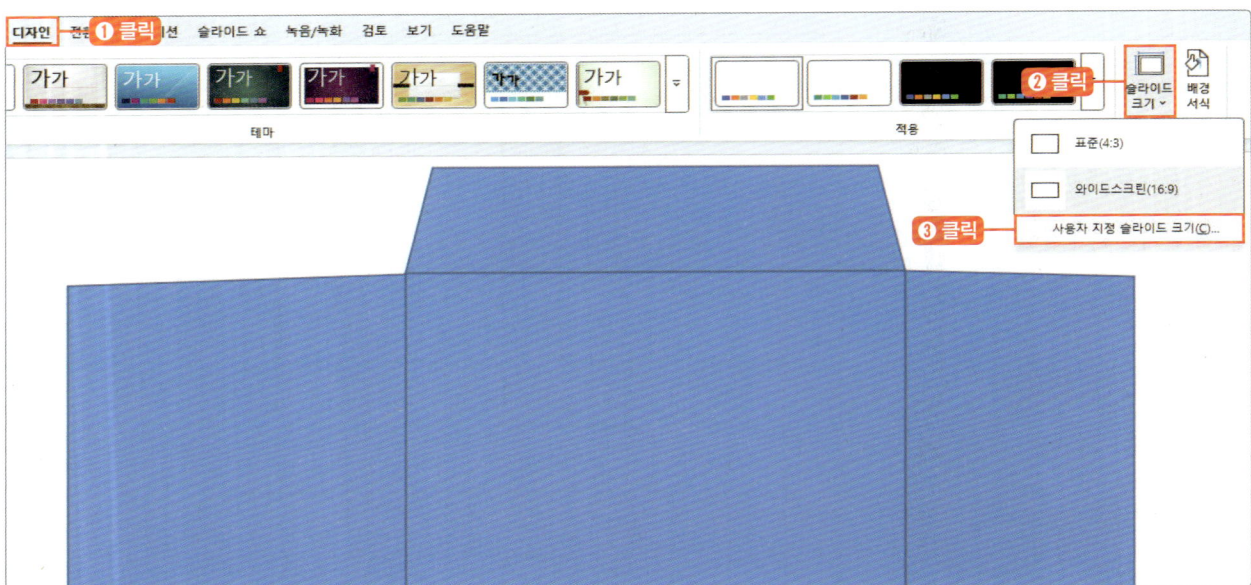

2 슬라이드 크기를 'A4 용지(210×297mm)'로 지정하고 <확인> 단추를 클릭한 후, '최대화'를 선택해요.

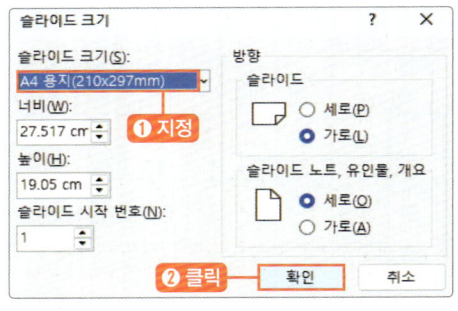
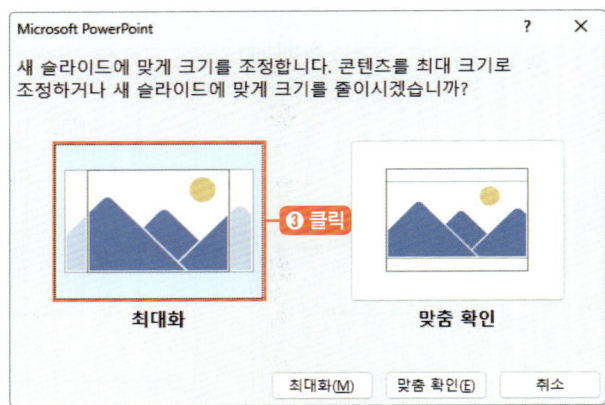

힌트 '최대화'와 '맞춤 확인'은 무엇이 다를까요?

- 슬라이드의 크기 또는 방향을 변경하게 되면 '최대화'와 '맞춤 확인'을 선택할 수 있는 대화상자가 나타나요.
- '최대화'를 선택하면 원본 개체의 크기를 그대로 유지할 수 있으며, '맞춤 확인'을 선택하면 용지 비율에 맞추어 원본 개체의 크기가 변경돼요.

02 봉투에 예쁜 색깔과 무늬로 옷 입히기!

1 슬라이드 빈 곳을 클릭한 후, `Ctrl` + `A` 키를 눌러 모든 개체를 선택해요.

2 [도형 채우기]와 [도형 윤곽선]을 원하는 색상(연보라)으로 변경해요.
➡ [도형 서식]-[도형 스타일]-[도형 채우기]-'연보라', [도형 윤곽선]-'연보라'

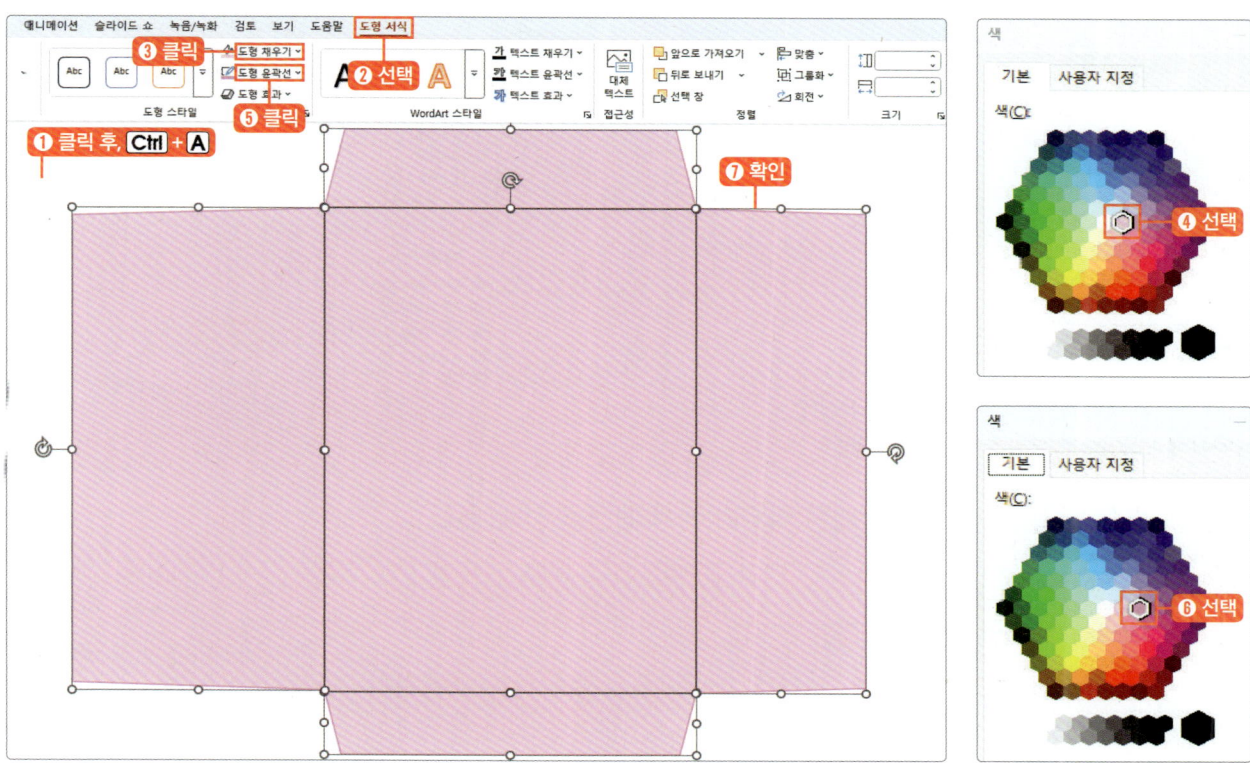

힌트 여러가지 색상을 찾는 방법

개체의 색상을 변경할 때 [다른 채우기 색]을 클릭하면 [기본]과 [사용자 지정] 탭에서 더욱 다양한 색상을 선택할 수 있어요.

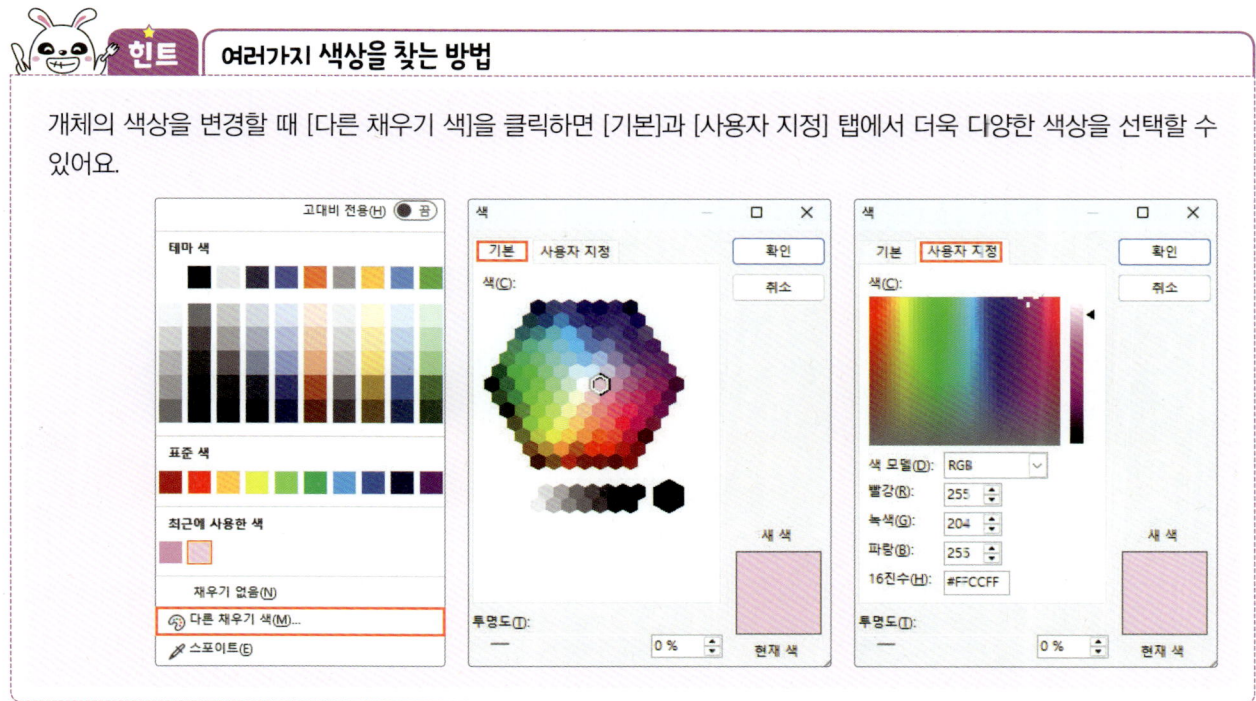

CHAPTER 22 성탄절 봉투 & 카드 만들기

3 가운데 도형만 선택된 상태에서 색상(흰색, 배경 1)을 변경한 후, Esc 키를 눌러 개체의 선택을 취소해요.

4 Shift 키를 이용하여 오른쪽과 왼쪽 도형을 각각 선택한 후, 마우스 오른쪽 단추를 눌러 [개체 서식]을 클릭해요.

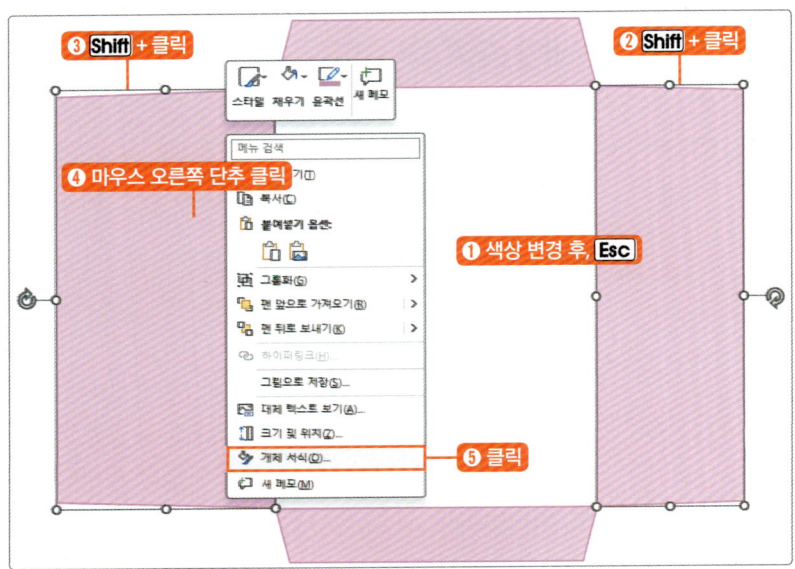

기본 전경색, 배경 색상은 앞에서 변경했던 색상(연보라)으로 나와요. 다른 색상으로 변경할 수도 있어요!

5 오른쪽 작업 창이 나오면 [패턴 채우기]에서 패턴을 선택해요.

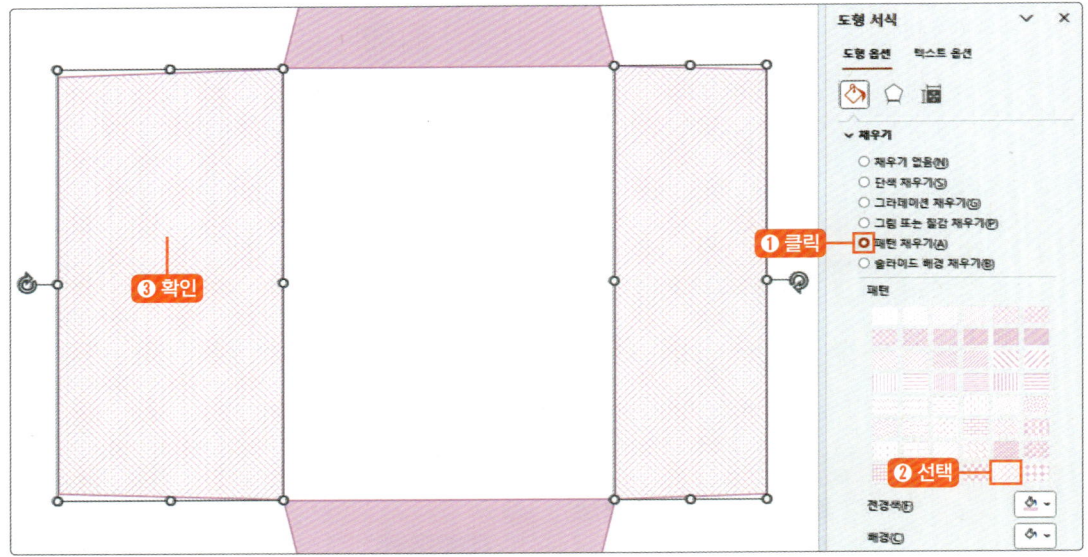

03 봉투 장식 그림으로 작품 완성하기!

1 [그림]에서 '봉투장식1~10' 이미지들을 삽입한 후, 126 페이지 완성 작품을 참고하여 작품을 완성합니다.
➡ [삽입]-[이미지]-[그림( )]-[이 디바이스( )]-[22일차]-'봉투장식1~10'

불러올 파일 : 22일차_연습.pptx   **완성된 파일** : 22일차_연습(완성).pptx

1. 22일차_연습.pptx 파일을 열어 성탄절 카드를 완성해보세요.

▲ [슬라이드 1]

▲ [슬라이드 2]

1 슬라이드 크기를 'A4 용지(210×297mm)'로 변경한 후, '최대화'를 선택해요.

2 각각의 슬라이드에 [타원(○)]을 삽입한 후, [부드러운 가장자리]를 적용해요. 이어서, 눈(타원)을 복사하여 슬라이드를 예쁘게 꾸며요.
➡ [도형 서식]-[도형 스타일]-[도형 효과(◐)]-[부드러운 가장자리]-'5포인트'

3 [슬라이드 2]에 [직사각형(□)]을 삽입하여 패턴을 채운 후, [네온]을 적용해요.
➡ [삽입]-[일러스트레이션]-[도형(◎)]-[기본 도형], [사각형]
➡ [도형 서식]-[도형 스타일]-[도형 효과(◐)]-'네온: 5pt, 파랑, 강조색 1'

4 다양한 그림들을 삽입하여 예쁜 성탄절 카드를 꾸며요.

CHAPTER 22 성탄절 봉투 & 카드 만들기

CHAPTER 23 미니언즈 캐릭터 그리기

학습목표
- 도형의 서식을 변경한 후, 기본 도형으로 설정해요.
- 다양한 도형을 이용하여 캐릭터를 만들어요.

배울 내용 미리보기!

📁 불러올 파일 : 23일차.pptx   📁 완성된 파일 : 23일차(완성).pptx

파워포인트로 캐릭터를 만드는 시간이에요. 여러분 할 수 있겠죠?

네! 이제 잘 할 수 있어요! 자신! 있습니다!

창의력 플러스

1 보기를 통해 여러 가지 색상이 우리에게 주는 느낌에 대해 알아보세요.

보기		
① 빨강 ▶ 힘, 더위, 애정, 분노	② 주황 ▶ 위험, 온화, 가을, 질투
③ 노랑 ▶ 희망, 귀여움, 금지, 명랑	④ 초록 ▶ 상쾌, 생명, 안전, 휴식
⑤ 파랑 ▶ 냉정, 성실, 청년, 시원	⑥ 보라 ▶ 우아, 화려, 신비, 예술
⑦ 검정 ▶ 슬픔, 죽음, 암흑, 공포	⑧ 흰색 ▶ 순수, 청결, 완벽, 깨끗

2 나의 주변 사람과 어울리는 색상을 선택해보고, 선택한 이유를 간단하게 적어보세요.

이름	선택한 색상	선택 이유

01 미니언즈 얼굴 만들기

1 '23일차.pptx'를 불러온 후, [타원(○)]을 선택하여 아래 그림처럼 눈을 만들어요.
  ➡ [삽입]-[일러스트레이션]-[도형]-[기본 도형]
  ➡ 도형 채우기(흰색, 배경 1, 25% 더 어둡게)
  ➡ 도형 윤곽선(윤곽선 없음)

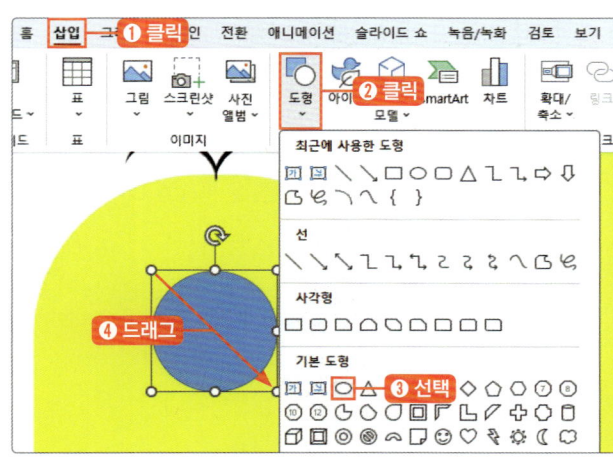 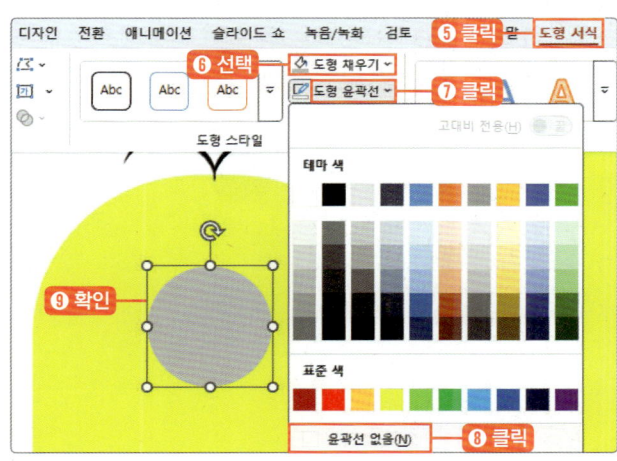

2 서식이 변경된 도형(타원) 위에서 마우스 오른쪽 단추를 눌러 [기본 도형으로 설정]을 클릭해요.

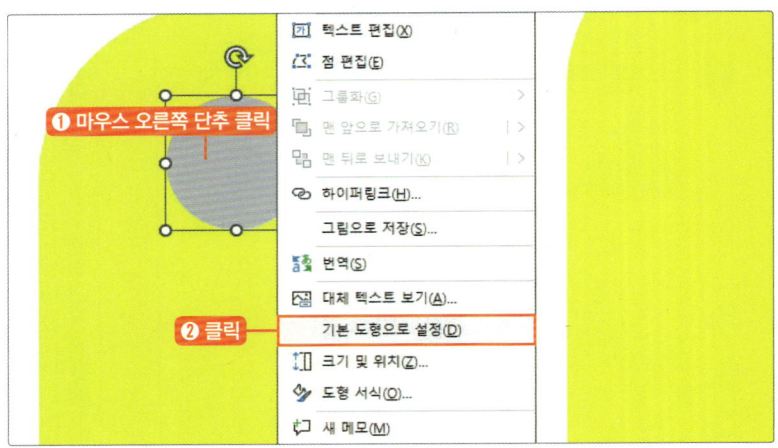

힌트 | 기본 도형으로 설정이란?

- 도형의 서식을 변경한 후, [기본 도형으로 설정]을 적용하면 서식이 적용된 도형의 스타일을 기본값으로 바꿀 수 있어요.
- 이 기능은 똑같은 스타일로 여러 가지 도형을 작업할 때 유용하게 사용할 수 있어요.

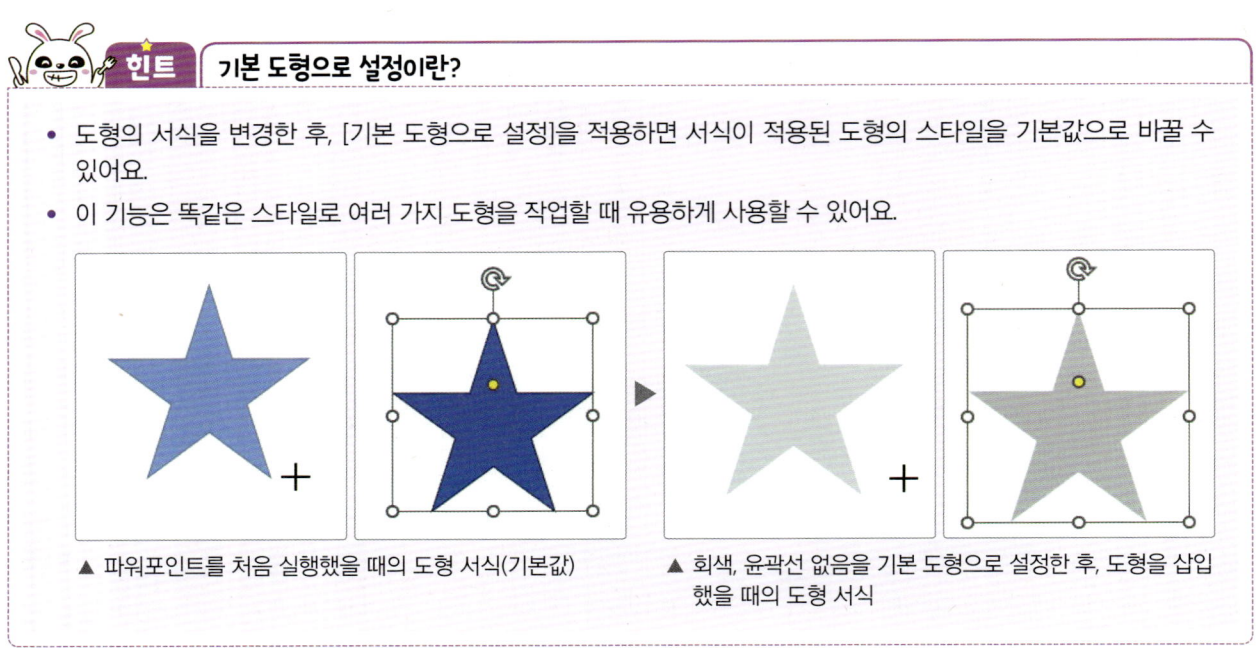

▲ 파워포인트를 처음 실행했을 때의 도형 서식(기본값) ▲ 회색, 윤곽선 없음을 기본 도형으로 설정한 후, 도형을 삽입했을 때의 도형 서식

3 [도형]에서 [타원(○)]을 이용하여 왼쪽 캐릭터의 눈을 완성해요.

➡ [삽입]-[일러스트레이션]-[도형(◎)]-[기본 도형]

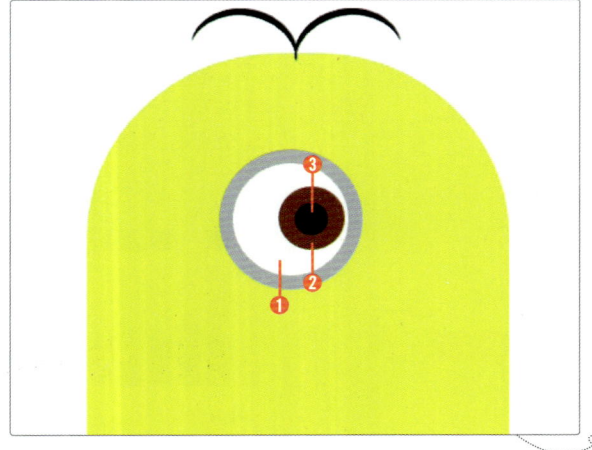

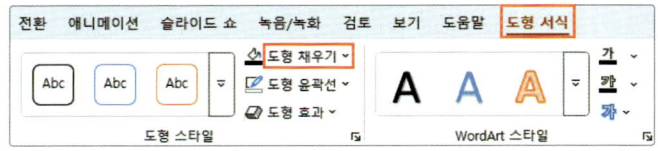

❶ 도형 채우기 : 흰색, 배경 1
❷ 도형 채우기 : 주황, 강조 2, 50% 더 어둡게
❸ 도형 채우기 : 검정, 텍스트 1

> 타원을 새로 삽입하거나, 만들어진 도형을 복사하여 작업해보세요!
> 왼쪽 캐릭터의 눈은 모두 4개의 타원으로 만들었어요.

4 다음과 같이 드래그하여 눈에 사용된 도형을 모두 선택한 후, 마우스 오른쪽 단추를 눌러 [그룹(⊞)]을 클릭해요.

➡ 도형 선택-마우스 오른쪽 단추-[그룹화]-[그룹(⊞)]

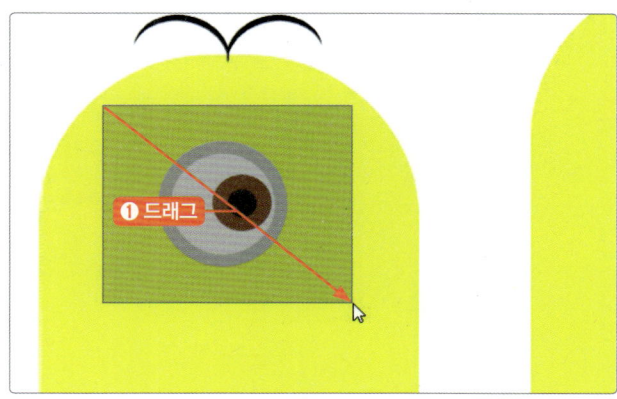
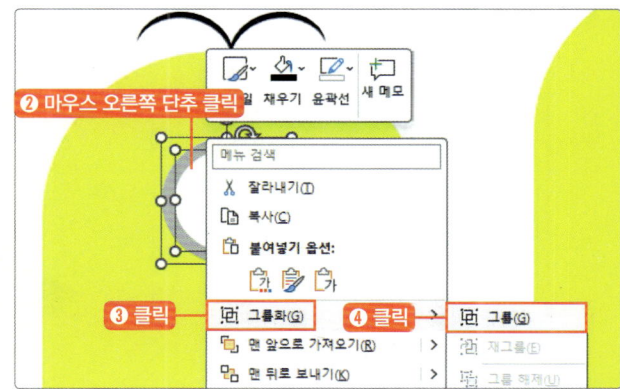

5 [도형]에서 [모서리가 둥근 직사각형(□)]을 이용하여 밴드를 만든 후, 마우스 오른쪽 단추를 눌러 [맨 뒤로 보내기(⬚)]를 클릭해요.

➡ [삽입]-[일러스트레이션]-[도형(○)]-[사각형]

> 밴드(모서리가 둥근 직사각형) 도형의 채우기 색상은 '검정, 텍스트 1'로 변경해요.

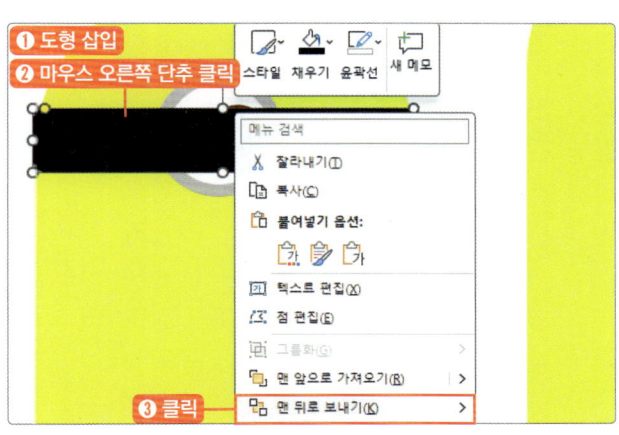

6 [도형]에서 [달(☾)]을 이용하여 왼쪽 캐릭터의 입을 만들어요.

➡ [삽입]-[일러스트레이션]-[도형(○)]-[기본도형]

> 회전점(⟳)과 조절점(○)을 이용하여 위치와 크기를 변경해요.

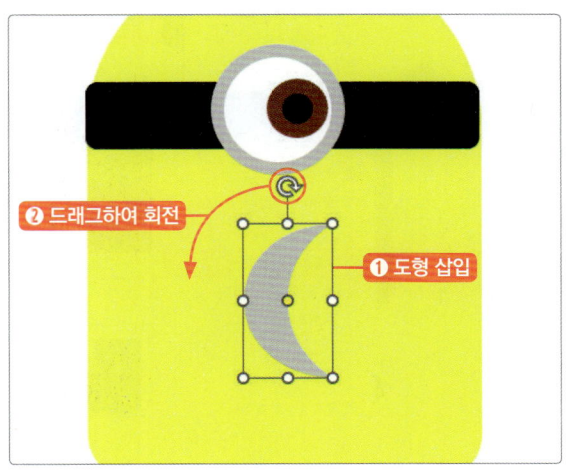

CHAPTER 23 미니언즈 캐릭터 그리기 **135**

02 미니언즈 몸통 만들기

1 [도형]에서 [직사각형(□)]과 [순서도: 지연(D)]을 이용하여 캐릭터의 다리와 발을 만들어요.

➡ [삽입]-[일러스트레이션]-[도형(🔾)]-[사각형], [순서도]

발은 [회전(🔄)]에서 [좌우 대칭(▲)]을 이용했어요.

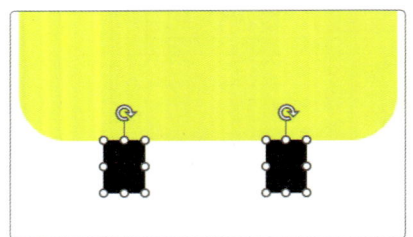 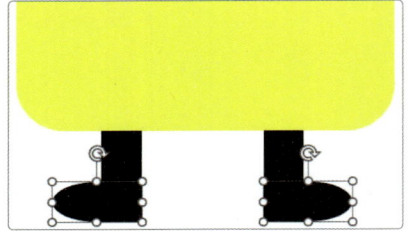

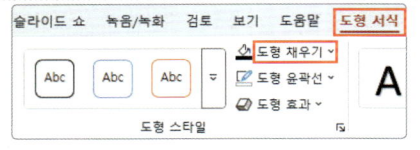

● 도형 채우기 : 검정, 텍스트 1

2 [도형]에서 [모서리가 둥근 직사각형(□)]과 [직사각형(□)]을 이용하여 몸통과 어깨 끈을 만들어요.

➡ [삽입]-[일러스트레이션]-[도형(🔾)]-[사각형]

어깨 끈은 회전점(@)을 이용하여 만든 후, 마우스 오른쪽 단추를 눌러 [맨 뒤로 보내기(🗂)]를 클릭해요.

3 [도형]에서 [타원(○)]을 이용하여 단추를 만들어 몸통을 완성해요.

➡ [삽입]-[일러스트레이션]-[도형(🔾)]-[기본 도형]

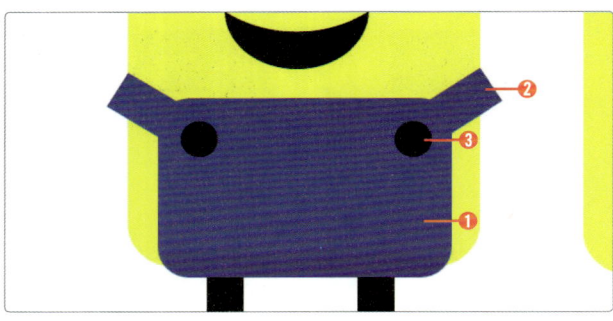 

❶ 도형 채우기 : 파랑, 강조 5, 25% 더 어둡게
❷ 도형 채우기 : 파랑, 강조 5, 25% 더 어둡게
❸ 도형 채우기 : 검정, 텍스트 1

4 몸통에 사용된 도형을 드래그하여 선택한 후, 마우스 오른쪽 단추를 눌러 [그룹(🔲)]을 클릭해요.

➡ 마우스 오른쪽 단추-[그룹화]-[그룹(🔲)]

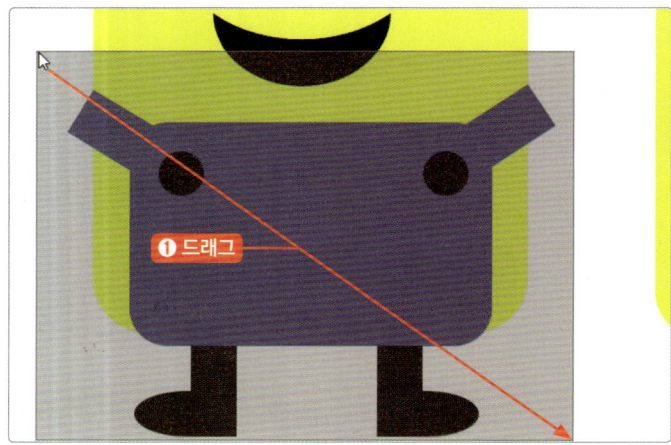 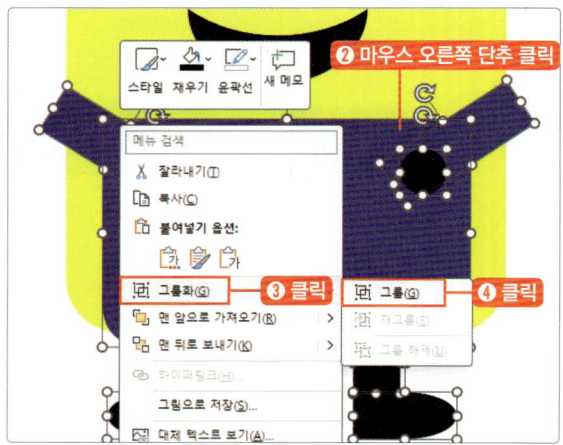

- 불러올 파일 : 없음   - 완성된 파일 : 23일차_연습(완성).pptx

☐ 지금하기 ☐ 나중에 하기

1 오른쪽 캐릭터를 완성해보세요.

본문 학습에 작성된 파일을 이어서 작업하세요. 만약 파일이 없을 경우에는 '23일차_연습.pptx'를 열어 작업할 수 있어요!

1. 왼쪽 캐릭터의 몸통을 복사하여 오른쪽 캐릭터의 몸통을 만들어요.

2. [도형]에서 [타원(○)]을 이용하여 눈을 만들어요.

   타원 3개를 이용하여 눈을 만들어요!

   ➡ [삽입]-[일러스트레이션]-[도형(○)]-[기본 도형]
   ➡ 흰색, 배경 1, 25% 더 어둡게 ➡ 흰색, 배경 1 ➡ 검정, 텍스트 1

3. [도형]에서 [달(☾)]을 삽입한 후, 노란색 조절점(○)을 이용하여 눈꺼풀을 만들어요.
   ➡ [삽입]-[일러스트레이션]-[도형(○)]-[기본 도형]

4. [도형]에서 [모서리가 둥근 직사각형(□)]을 이용하여 밴드를 만들어요.
   ➡ [삽입]-[일러스트레이션]-[도형(○)]-[사각형]

5. [도형]에서 [타원(○)]을 이용하여 입을 만들어요.
   ➡ [삽입]-[일러스트레이션]-[도형(○)]-[기본 도형]

6. [입체 효과]에서 원하는 효과를 선택해요.

   `Ctrl` + `A` 키를 눌러 모든 도형을 한 번에 선택할 수도 있어요.

   ➡ [도형 서식]-[도형 스타일]-[도형 효과(○)]-[입체 효과]-'둥글게'

CHAPTER 24 혼자서도 잘해요!

학습목표
- 17일차~23일차에서 배운 내용을 혼자 스스로 완성해봅니다.

문제 01
〈작업 순서〉를 참고하여 아래 그림과 같이 슬라이드를 완성해요.

📁 불러올 파일 : 없음   💾 완성된 파일 : 24일차_우주(완성).pptx

작업 순서

1. [사용자 지정 슬라이드 크기]를 변경해요.
   ➡ 슬라이드 크기 : A4 용지(210×297mm) / 방향 : 가로

2. [레이아웃]에서 [빈 화면]을 선택해요.
   ➡ 슬라이드-마우스 오른쪽 단추-[레이아웃]

3. [그림 또는 질감 채우기]에서 '우주배경'을 삽입해요.
   ➡ 슬라이드-마우스 오른쪽 단추-[배경 서식]-[그림 또는 질감 채우기]-[삽입]-[24일차]-'우주배경'

4. [WordArt]를 이용하여 '신비한 우주 세계' 입력하고 '글꼴(휴먼둥근헤드라인)', '글꼴 크기(80)'를 변경해요.
   ➡ [삽입]-[텍스트]-[WordArt( )]-'그라데이션 채우기: 파랑, 강조색 5, 반사'

5. [그림]에서 '우주그림' 이미지를 선택하여 삽입해요.
   ➡ [삽입]-[이미지]-[그림( )]-[이 디바이스( )]-[24일차]-'우주그림'
   ➡ [그림 서식]-[크기]-[자르기( )]를 이용하여 필요한 그림 자르기 → 크기 및 위치를 변경

문제 02 〈작업 순서〉를 참고하여 아래 그림과 같이 슬라이드를 완성해요.

📁 불러올 파일 : 24일차_태권.pptx   📁 완성된 파일 : 24일차_태권도(완성).pptx

 작업 순서

1. '24일차_태권도.pptx' 파일을 불러온 후, [빈 화면]으로 변경해요.
   ➡ 슬라이드-마우스 오른쪽 단추-[레이아웃]

2. [그림 또는 질감 채우기]에서 '강당'을 삽입해요.
   ➡ 슬라이드-마우스 오른쪽 단추-[배경 서식]-[그림 또는 질감 채우기]-[삽입]-[24일차]-'강당'

3. '빨간 헬멧 태권도 선수' 이미지를 선택한 후, [추가 나타내기 효과]에서 '선회 비행' 선택
   ➡ [애니메이션]-[애니메이션]-[애니메이션 스타일]에서 자세히 단추(▽)]-[추가 나타내기 효과(★)]

4. '파란 헬멧 태권도 선수' 이미지를 선택한 후, [나타내기]에서 '바운드(✦)' 선택
   ➡ [애니메이션]-[애니메이션]-[애니메이션 스타일]에서 자세히 단추(▽)]-[나타내기]

5. '빨간 헬멧 태권도 선수' 이미지를 선택한 후, [이동 경로]에서 '반복(∞)' 선택
   ➡ [애니메이션]-[고급 애니메이션]-[애니메이션 추가(★)]-[이동 경로]

6. '파란 헬멧 태권도 선수' 이미지를 선택한 후, [추가 끝내기 효과]에서 '휘돌아 사라지기' 선택
   ➡ [애니메이션]-[고급 애니메이션]-[추가 끝내기 효과(★)]

7. '미리보기'를 클릭하여 스타일이 적용된 애니메이션을 확인합니다.
   ➡ [애니메이션]-[미리보기(☆)]

K마블 소개

아카데미소프트와 코딩아지트의 컴교실 **타자 프로그램**

 **V2.0** 업그레이드

[K마블이란?]

[K마블 인트로]

업그레이 된 K마블 V2.0을 만나보세요!

▶ 키우스봇과 함께하는 **무료 타자프로그램!**
▶ **영문 버전** 오픈
▶ 온라인 대전 **2 VS 2** 모드 출시
▶ 나만의 **커스텀 캐릭터** 기능 오픈

100% 무료 타자프로그램

K마블 V 2.0으로 한글·영문 타자연습 모두 가능해요!!

전체 메뉴

K마블 튜토리얼

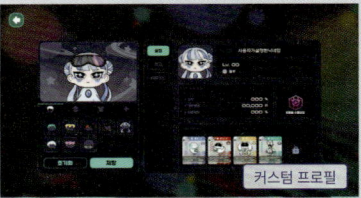
커스텀 프로필

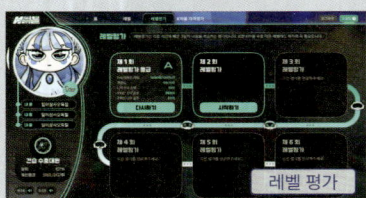
레벨 평가

영어 단어 연상게임

온라인 대전

▶ **커스텀 프로필**
자신의 캐릭터를 꾸밀 수 있는 기능이 추가되었습니다. 캐릭터의 머리, 얼굴, 옷, 장신구를 변경하여 자신만의 개성있는 캐릭터를 만들어 봅니다.

▶ **레벨평가 시안성**
레벨평가 화면이 이전 화면 보다 보기 좋게 변경되었습니다. 배운 내용을 복습하여 높은 점수에 도전해 봅니다.

▶ **영어 단어 연상 게임**
단어 연상 게임은 제시된 그림을 보고 연상되는 단어를 알아 맞히는 게임입니다. 두 글자 부터 네 글자까지 다양한 단어를 학습해 봅니다.

▶ **온라인 대전 게임 - 영토 사수 작전**
친구들과 1 VS 1 또는 2 VS 2 온라인 대전 게임으로 오타 없이 빨리 타자를 입력하여 영토를 지배하는 게임입니다. 비슷한 타수의 친구와 대결하면 재미있는 승부를 볼 수 있습니다.

 ※ K마블 영어 버전의 원어민 음성 모드도 곧 지원됩니다.